歴史文化ライブラリー
256

神君家康の誕生

東照宮と権現様

曽根原 理

目　次

人が神になること―プロローグ……………………1
日本人と神／死穢を忌む神道／ケガレを避ける神職／霊社の創建／死者が穢を離れるとき

神格化の時代

天下人と神格化……………………10
天下人の登場／政治権力者の神格化／天下統一と宗教／織田信長の神格化／神格化の可能性

豊臣秀吉の神格化……………………19
秀吉神格化の経緯／神号変化の解釈／吉田神道の影響／朝廷の抵抗／家康神格化の課題

天道思想と戦国武将たち……………………27
天道の信仰／二つの型／天道思想の形成／天道とキリスト教／天下人と天道

徳川家康と天海

家康と天海……36
徳川家の宗旨／家康と天海の出会い／天海の前半生／二つのエピソード

家康晩年の御前論義……45
御前論義の開催／仏教諸宗派と論義／天台論義の特色／本覚思想／家康の関与／天海演出、主演家康

家康死後の動向……56
家康の死／明神・権現論争／寛永寺の創建

徳川家光と天海

家光と宗教……64
祖父の顕彰／天照の復権／神々の連合

『東照社縁起』の基礎知識……73
二度に分けての成立／『東照社縁起』という書名／弁海撰『東照大権現縁起』

天海撰『東照社縁起』を読む……80
第一次撰述／典拠を踏まえた表現／家康と仏教／家康と天台神道／治国利民法／治国と天皇・将軍

『東照社縁起』の広がり……98
「真名縁起」の追加／「仮名縁起」の作成／追加作成の理由／書写本の作成／天台僧の受容／乗因の主張

東照宮信仰の展開

浄土系徳川神話の形成……122
家光の死去／家綱・綱吉の死去／井上主計頭覚書／暁誉覚書／松平崇宗開運録

家康像の作成……133
家光霊夢の画像／増上寺の木像／霊光殿天満宮の木像

東照宮信仰の諸相……145
江戸の東照宮／東照宮の勧請／会津の東照宮／民衆と東照宮／吉宗の東照宮政策／東照宮信仰の変質

神君家康……157
天道との決別／将軍と天皇／二人の王／神君の呼称／近世の王(王権)／徳川王権論／公儀と禁裏／支配の二重構造／「権現様」と「大公儀」

神を作り出したもの―エピローグ……169
彫刻は語りかける／十二支と将軍／平和を示す猫／聖王のイメージ／平和の神へ

あとがき
参考文献

[凡例]

・引用文は原則として現代語訳した（一部は大意）。語句が原文の表現であることを示す場合は、「　」で表示する。原文は資料名を手がかりに、巻末の参考文献に掲げた引用資料底本によって確認できるものもある。
・典拠となる先行研究は、本文中の（著者名　刊行年）を手がかりに、巻末の研究文献によって確認することができる。著書に収録された論文については、収録書を掲載したため、初出年は掲載書を参照のこと。
・引用文中の徳川家康の呼称は、生前は「家康様」、没後は「権現様」で統一したが、実際は「神君様」をはじめさまざまな呼称が使われていた。
・人物の年齢は、当時の数え方にしたがい、原則として数え年とした。現在一般的な満年齢に直すと一～二歳下となる。
・挿図の写真は、とくに注記のないものは、著者が撮影したものである。
・本書は、二〇〇七年度日本学術振興会科学研究費補助金による基盤研究（B）「東照宮祭祀の基盤・確立・展開」（代表：曽根原）の成果の一部である。

人が神になること——プロローグ

日本人と神

数年前、「日本は……神の国」と発言して世間を騒がせた政治家がいた。たしかに、そうした言い方は古くからあった。江戸時代までの日本では、仏教の国インド、儒教を奉ずる中国に対し、神の国日本という区分が意識されていた。神を崇《あが》め、神々が護り助けるのが日本の国の特色とされていたのである。ただしそれは、仏教などの立派な教えが無い野蛮な国ではあるけれど……という意識と背中あわせの表現であった。前述の政治家氏が、どこまでその種の歴史的経緯（文化的伝統）を意識していたかは、寡聞にして存じ上げない。

神々の優れた働きを認めた日本人であったが、実在の人間を神とみなしたのは、さほど古いことではない。今でこそ、初詣者数日本一を続ける明治神宮（明治天皇を祭神とする）をはじめ、江戸時代の義民《ぎみん》（佐倉惣五郎《さくらそうごろう》など）や近代の軍人（乃木希典《のぎまれすけ》大将、東郷平八郎元帥など）を祭った神社が各地に見られる。しかし、古代から中世にかけては、物語の主人公（最後は神になる浦島太郎など）や、世に恨みを残して死んだ怨霊（菅原道真など）、そして天皇を生きた神とみなす観念を除けば、人間が神になるという概念は皆無に等しかった。

日本人の神に対する意識が大きく転換したのは、中世末期から近世初期にかけての時期である。豊臣秀吉を祀った豊国大明神《とよくにだいみょうじん》、徳川家康を祀った東照大権現《とうしょうだいごんげん》が出現し、その後、各地の藩祖《はんそ》から、特別な活動をした庶民にまで神格化が広がった。そしてついには、死んで護国《ごこく》の神となることが求められるような時代がやってきたのであった。

中世末期以降の神観念の転換には、吉田兼倶《かねとも》（一四三五〜一五一一）などの思想家が関与していた。次に、彼らの生み出した新たな神道思想について、少しだけ触れておこう。

死穢を忌む神道

まだ科学の発達していなかった時代、飢饉《ききん》・疫病《えきびょう》や内乱・外敵侵攻から各人の生活に至るまで、困難な事態が起きた時、人々が考えたさまざまな原因の中でも大きな比重を占めたのが、この世の外の力である。神仏の怒り、悪霊のタタリ、超自然的呪術……等々。宗教者の大きな役割は、こうした事態に備え対処することであった。とりわけ求められたのが、ケガレの解消である。

古代日本人は、出産、月経、怪我など非日常の出来事によってケガレが発生し、凶事をひきおこすと考えた。またケガレは伝染するものと考えられていた。とりわけ、死のケガレ（死穢《しえ》）は強力であり、被害はわが身のみならず、接触のある人々へも伝わると考えられていた。現代でも、葬式の出席者に清めの塩が配られ、帰宅の際に使用されることは珍しくない。古い時代はその程度にはとどまらず、厳密な対処が求められた。仏教は、死穢を解消するために活用された側面を持っていた。

清浄を重視する神道は、もっともケガレを忌む宗教である。神は死穢に触れると祟ると観念され、神職はケガレに接触しないよう細心の注意を払った。もし親族が死去した際は、一定期間謹慎し、他人はもとより、とりわけ神にケガレを移さないよう努めたのである。

ケガレを避ける神職

神職が、どれほど死穢を避けようとしたかを伝える一例として、吉田兼凞《かねひろ》（一三四八～一四〇二）の葬礼をとりあげよう。吉田（もと卜部《うらべ》）は神祇官人に始まり、平野社や吉田社の神官を世襲する中で祭儀や故実に通じ、古典研究でも知られるに至った一族である。室町時代末期の当主である兼倶以後は、神道家としても著名な存在となった。

兼倶より四代前の当主である兼凞の葬礼は、吉田家に伝わる記録に詳細な記述がある。正月に中風《ちゅうぶう》を発病した兼凞は、後生《ごしょう》のため四月二十六日に出家を遂げた。神職が仏教に帰依するのは、現代の感覚では違和感を覚えるかもしれないが、当時の公家にあっては通例である。五月三日の臨終に際しては、兼凞の息子である兼敦《かねあつ》の記述では、五回、六回と念仏を唱え、苦しむ様子もなく安らかに往生を遂げたと記されている。当時の様子について、兼敦は次のようにも記している。

病床には運阿・梵阿などの僧侶と、私たち血縁者、そのほか家来たちが控えておりました。まさに臨終かという時、私ほか神職を務める者たちは庭に降りたため、最期の様子は分からず、ただ念仏の声が微《かす》かに聞こえたので亡くなられたことを知りました。遺体は板輿《いたごし》に載せ、本来は時衆《じしゅう》の僧がすべきですが、白昼ではあったため人夫が担いで浄宝寺に移しました。移動の間も、私たちは地上にうずくまり輿を拝見することはありませんでした。神職の身では致し方ないことです。神職でない一族の兼之《かねゆき》は、僧侶とともに板輿に手をかけ寺まで遺体を運びました。

死穢を避けるため、臨終の瞬間を見ることのないよう、兼敦たちは庭に降りたった。彼

神龍社（吉田神社内）　吉田兼倶を祀る霊社

らは、運び出される遺体を見ることもできなかった。その後の葬礼も仏式で営まれ、神職となった一族は一切関与していない。兼敦は、神職の身は第一に神慮が大切で、清浄を守らなければならず、孝行の志はその次とならざるを得ない、神職の身では力及ばないことと嘆いている。神職は、親の死に目に会えない宿命だったのである。

霊社の創建　神職が故人の祭祀を執り行うためには、ケガレの問題を解決する必要があった。その課題に立ち向かったのが、吉田兼倶であった。彼が創始した新しい神道では、遺骸の上に「霊社《れいしゃ》」と称する社壇を作り、僧侶を排除した神道式葬送を行い、死者を神として祀るようになった。

新たな方式を支えたのは、「天地にありては神といい、万物にありては霊といい、人にありては心という、心とは神なり」（兼倶撰『神道大意』）といった〈人間＝神〉をスローガンとする思想であった。現在では、さほど珍しくもない言い方かもしれない。しかし中世までの通常の観念では、神とは人間とは別の、祈りを捧げる対象であった。神を人間（の心）と一体視するのは、仏教（密教）思想に淵源を持ち、兼倶以前の神道思想にも全く見られないことではなかったが、それを前面に押し出して新たな祭祀形態を作り上げたところに、兼倶の独自性があった。

死者が穢を離れるとき

兼倶は文明十九年（一四八七）以降、死者の霊に対し「大明神」号を授与するようになった。さらに、兼倶の孫の兼右《かねみぎ》（一五一六〜七三）は、遺言で指示をし、葬送を子息の兼見《かねみ》（一五三五〜一六一〇）らによって執行させた。僧侶は一人も関わらなかった。兼倶を画期として、神職が死穢を避けることは克服されていった。吉田家当主たちは、死後「○○霊社」として神に祀られ、家の守護神となった。死者はケガレでなくなり、人を神に祀ることが始まったのである（岡田　一九九六）。

死がケガレでなくなったからといって、簡単に誰もが神に祀られたわけではない。まず特定の宗教者が神になった。しかし、いったん道が開かれてしまうと、その先はさほど時間がかからなかった。人の本質を神と見なし、人を神に祀ること（人霊祭祀）は、ここから広がっていった。

それはまた、聖なる世界が凋落《ちょうらく》し、世俗的な価値が幅をきかせていく新たな時代の到来と連動するかのように見えた。権力者の神格化は、こうした世の中の変化を背景に、現実のものとなっていったのである。

神格化の時代

天下人と神格化

天下人の登場

　戦国時代に終止符をうち、日本統一を推進した織田信長（一五三四～八二）・豊臣秀吉（一五三七～九八）・徳川家康（一五四二～一六一六）の三人は、しばしば「天下人《てんかびと》」と呼ばれる。彼らはいずれも、自らの実力で戦乱を勝ち抜き、広大な地域の支配者となった。単なる「将軍」や「公方《くぼう》」は他に何人も挙げられるが、それとは格の違う実力者であった。

　それまでの日本国は、並び立つ多くの権力者たちの連合体と見ることができる。都の公家、畿内の寺院勢力、それに加えて武家が、さまざまな利権をめぐって水面下で火花を散らしつつ、各時代の力関係に応じて住みわけを行い、表面的には支配秩序を形成していた。

したがって、天皇家や将軍家といっても、多くの権力集団の調整機関的側面が、なお濃厚であった。日本が、強大な権力のもとで一元的に支配されるようになったのは、天下人たちの活動を経た後のことだったのである。

天下人たちは、出身が現在の愛知県であったことの他にも、いくつもの共通点がある。たとえば彼らは、女真《じょしん》族や南蛮勢力と同時並行して、明《みん》を中心とした東アジア秩序の改変に参画した点で、新たな国際秩序を志向した存在であった。また、神仏の権威を克服する一方、世論を配慮し自身が公的な存在であるかのように振舞った点も、同一の方向性を示していた。

政治権力者の神格化

それらと並び重要なのが、三名ともに神格化を志した点である。信長は、安土城内に自己を崇拝する場所を設けたと伝えられる。また秀吉と家康は、それぞれ豊国大明神・東照大権現として祀られた。

日本史上、死後神となった例は全く無いわけではない。しかし、たとえば多武峰《とうのみね》は、実在の権力者である藤原鎌足（六一四～六六九）を祭神とするものの、もともと藤原氏の祖先の廟《びょう》にすぎず、神と見なされるまでには長い時間が必要だった。また、北野天神は菅原道真（八四五～九〇三）の怨霊であり、時の権力者が政治的敗者の祟りを恐れた（または政

多武峰（談山神社）　十三重塔

治的に利用した）ことで神と祀られたのである。それに対し、政治的勝者が自己の意志により死後ただちに神と祀られた例は、前の時代の源氏（鎌倉幕府将軍家）や足利氏（室町幕府将軍家）には見られず、徳川将軍でも家康以外はそのようなことは無く、全くこの時期の権力者に特異な出来事だった。

彼らは、なぜ神格化を必要としたのだろうか。それについて、朝尾直弘氏により説得力ある説明が提出されたのは一九七〇年であった（朝尾　一九九四）。朝尾氏は論の前提として、中世に成長を遂げた農民・地侍《じざむらい》たちの間で、当時の支配勢力を否定し（＝下剋上《げこくじょう》）誰にも侵されない自立した立場を望む動向の見られたことを挙げる。その動向の延長上に存在したのが、一向一揆《いっこういっき》の組織原理であった。

戦国時代に一大勢力となった本願寺《ほんがんじ》を中心とする集団（一向一揆）では、従来の武士たちの支配を否定するとともに、本願寺法主《ほっす》のみが「生き仏」として君臨し、他はそのもとで平等な「同朋《どうぼう》」として関係を結んだ。実際、大名を打倒し一国を支配するなど、一向一揆は戦国時代を通じてもっとも強力な武力集団であったが、そうした集団を支えたのが、実に農民や地侍たちの信仰心を組み込んだ組織づくりだった。

天下統一と宗教

単に武力だけでは、支配することはできても、それを続けることは難しい。朝尾氏は、自己の力と主体性を自覚した農民たちを支配していくため、新たな政権は本願寺に匹敵する思想性・イデオロギー性を身につける必要があったと説く。仏法を守るため死んだ者は極楽に往生できるという考えから、一向一揆の信者たちは死を恐れず戦った。死後の安心を保証する一向一揆に対抗するには、権力者自身何らかの宗教性を身につけることが要請された。さらに、それは戦時だけのことではない。

安土城内総見寺址　本能寺の変後焼失

むしろ武力を用いない平時こそ、より高い権威を体現することが支配権力の重要課題となった。ここに、支配者が神になることの必然性が生じたというのである。

このように、権力者が神になる現象は近世初期に独自な出来事で、日本史上に画期をなす強大な中央政府の出現と揆を一にしていた。さらに神の性格も、三者三様、それぞれの時期の課題と関係することとなった。

織田信長の神格化

イエズス会宣教師のルイス・フロイス（一五三二～九七）が、天正十年（一五八二）の十一月五日付書簡に記した文章には、織田信長が自己を神と見なしたという記事が見える。信長は、居城である安土城の中に、総見寺《そうけんじ》という寺を建てた。同寺は位置的に、城の表玄関にあたる重要な場所を占めていた。フロイスによると、信長は総見寺に自らを祀らせ、「神でもあるかのように諸人から崇《あが》められることを望ん」で、自身が神体であり生きる神仏である、それを拝む者は現世利益を得る、と語ったという（「日本年報追信」）。さらに信長の言として、自分を拝む者はあるいは富を得、あるいは子孫が栄え、また健康を得る、逆に不信の者はこの世でもあの世でも滅亡する、と記された。このようにフロイスの記録では、信長は地上における神として、現世・来世にわたり人々を支配しようとする権力者であった。

右を根拠として、朝尾直弘氏は信長の神格化が要請された経緯を説いた。だが、それに対する反論もある。三鬼清一郎氏は、①この記事の資料的な問題、②信長の宗教政策との整合性、の二点から、信長の神格化に疑問を投げかけた。信長の神格化の証言はこの書簡しか存在せず信憑性に欠け、書かれた時期も六月の本能寺の変の後であるため、結果を知った後に恣意的な解釈を加えることが可能であった。実際、前後の文脈も信長の悪業《あくごう》（＝神になるという人間の分際を超えた行為）とその報い（部下の反乱による死）という西洋人風の観念に基づいている（＝①）。また信長は、死の年に伊勢神宮の最重要行事である式年《しきねん》遷宮《せんぐう》の復活をはかり、あるいは武田勝頼《かつより》を滅ぼした後の甲斐《かい》国から善光寺如来を自己の領内（岐阜）に遷している。これらの行為は、政権の護持を旧来の宗教的秩序の温存により図る点で、自己神格化という新たな方策とはベクトルを異にする（＝②）。三鬼氏は以上のように述べ、信長神格化の実在性に対し否定的であった。

西洋人の記録が彼らの観念や意図を受けたものであることは当然であり、それをそのまま事実と受け取れないことはたしかであろう。だが研究が進み当時の状況が明らかになるにつれ、西洋人の記事を必ずしもキリスト教的解釈と見なす必要はないという見方が現れてきた。信長にやや遅れて死去した吉川元春《きつかわもとはる》（一五三〇〜八六）など、当時の大名が死後時を隔てず祀られた例は、すでに識者の指摘がある。戦国時代に大名を「菩薩《ぼさつ》の分身」「氏神《うじがみ》」などと見なした例も存在することから、信長の場合もこうした「超越的絶対者」への志向に連なるものとして論じられている。また、天皇（アマテラスの子孫）や本願寺法主（生き仏）に見られる、人を神と同一視する傾向（「人神化」）に連動する形で信長の神格化を把握する説も提出されている。宣教師の記事そのままではないにしても、権力者の神格化は当時にあって決して異様な現象ではなかったというのである（大桑　一九八九）。

津島天王社（愛知県津島市）　堯照はここの出身と伝えられる

神格化の可能性

こうした文献学的な研究に加え、一時期盛んに試みられたのが建築史からのアプローチである。本能寺の変に際し焼亡した安土城天守閣の復元を手がけた内藤昌氏によれば、同城の様式にはさまざまな宗教を統合する意志が見える、という。信長以前の最大の権力者の一人である足利義満《よしみつ》（一三五八〜一四〇八、室町幕府第三代将軍）は、自己の権力を誇示して金閣《きんかく》を建設したが、それは仏教・儒教・道教の理想境を再現する構想を持っていた。それに対し安土城は、そうした三教に加え、神道・キリスト教までも包含した「重層的性格」を持ち、個別宗教の境地を超越した絶対性が認められるというのである。さらに内藤氏は、天守閣に相対する位置に建てられた総見寺に注目し、その寺号「総見」の字義や、同寺住職の宗派性の薄さから信長の目指した絶対神の性格を「総合的」と主張する。

信長の神格化については根拠となる資料に難点があり、彼が本能寺で志半ばに斃《たお》れたこともあって、正確な把握が困難である。加えて総見寺住職だった尭照《ぎょうしょう》の性格規定も、津島天王社との連想が指摘される程度の段階であり、前提となる信仰の確認に至っていない。しかし近年は、当時流行の諸教一致説（仏教・儒教・道教・神道等を究極的に一致するものと見なす考え方）に基づき、個別宗派のカミ（本願寺法主と一体視された阿弥陀如来、個々の大名の氏神、など）を超越した絶対的神格を求めた動きとして考えられる傾向にある。それがどの程度、人々に受け入れられたかは別途考察する必要があり、信長の苦し紛れの方策という指摘もあるが、信長自身の意図としては、神格化の動きを認める方向で議論されてきている（石毛　二〇〇四）。

豊臣秀吉の神格化

信長に比べ、秀吉の神格化については明確な資料が残されている。

秀吉神格化の経緯

祭祀を主に担当した、吉田一族の梵舜《ぼんしゅん》（一五五三〜一六三二）の日記が現存しているのである（吉田家については前述）。次に、具体的な経緯を示しておこう。

秀吉の死は、慶長三年（一五九八）八月十八日とされる。梵舜の日記には、当日のうちに、その事実を知ったことが記されている。だが、朝鮮ではまだ戦闘中（慶長《けいちょう》の役《えき》）であったため、秀吉の死は当面伏せられた。その日の夜半に伏見城《ふしみじょう》から運び出された遺骸は、密かに京都東山の阿弥陀ヶ峰に運ばれた。二十二日には「大仏供養」と称して、阿弥陀ヶ峰の麓の方広寺《ほうこうじ》で秀吉の葬儀が行われた。九月六日には、秀吉を祀る廟の建築が始められ

豊国神社（京都市）　明治になって方広寺大仏殿跡地に再建

豊国廟（京都市）
江戸時代に破壊され明治に再建

たが、表向きには方広寺大仏殿の鎮守社建築と称された。十二月十日の島津隊博多到着によって、ようやく撤兵が終了したことから、命日にあたる十八日に諸大名が阿弥陀ヶ峰に集められた。翌日以降、秀吉を「神に祝う」ための動きが目立つことから、秀吉を神として祀ることは、このころ公表されたらしい。それが秀吉自身の遺言に基づくことは、下って翌年三月に、豊臣秀頼《ひでより》（一五九三〜一六一五）から朝廷へ提出された記録等で確認できる。社殿の工事が終了し、正遷宮《しょうせんぐう》が行われたのは四月十八日。この時点で神格化は一段落した。

神号変化の解釈

秀吉の神格化にはいくつもの興味深い点がある。その一つは、神号の変化である。正月時点の梵舜の日記には、神号はただ「大仏」の「鎮守」とのみ記されていた。東大寺大仏の鎮守は、神仏習合の先駆けである八幡大菩薩（手向山八幡《たむけやまはちまん》）であった。それに倣ってか、やがて秀吉も「新八幡」と呼ばれた。この神号が秀吉本人の遺志であったことは、キリスト教宣教師だけでなく日本側の記録にも記されており、事実であろう。そして宣教師の記録では、神号の意図は八幡＝軍神だから、と書かれている。

そもそも八幡は、応神《おうじん》天皇のことを指す。『日本書紀』等によれば、応神天皇は神功《じんぐう》皇后の子で、皇后が朝鮮に出兵し服属させた後、九州で生まれたとされる。こうした出生の事情から、八幡は軍神（とくに対外戦）と性格づけられた。後には天皇家の守護神、さらに源氏の、ひいては武家の守護神とも見なされた。当初この八幡の性格を持つ神とされた秀吉は、しかしやがて、本人の遺志をも覆《くつがえ》し、正遷宮以降は豊国大明神《とよくにだいみようじん》の名で祀られることになる。

「豊国」という神号は、日本の雅名である「豊葦原中津国《とよあしはらなかつくに》」からとったものだが、豊臣姓に基づくことはいうまでもない。その限りでは八幡から豊国への変化も、さほどのことではないかもしれない。だが、『当代記《とうだいき》』に神号変更の理由を「大菩薩はいかが有るべし」（大菩薩と号するのはいかがなものか）と、仏教風の呼称を忌避したような記事があるのを知れば、変更の意図に興味が湧く。遷宮に前後して神号を変更した当事者は、吉田一族の梵舜であるはずだからである。この変更は、吉田家側の影響力を示すのではなかったか。

吉田神道の影響

神号に限らず、秀吉政権に対する吉田神道の関与には目立つものがあった。同政権の対外意識を示す外交文書には、しばしば日本=神国という文言が見られるが、これが吉田神道書に基づくことはすでに指摘がある。さらに、吉田神道の思想が諸教一致説の典型であったことを想起すれば、単に表現にとどまらず、思想内容まで含め、秀吉政権と吉田神道の密接な内的連関が考えられる。それは端的にいえば、絶対的権威の探求と考えられるだろう。

大元宮（吉田神社内）　1484年に吉田兼倶が日本中の神を勧請

戦国時代は価値混乱の時代でもあった。世界はどのようなもので、人はそこでどのように生きるべきかについて、儒教・仏教に代表されるさまざまな思想が交錯した。その中で、各種の思想を統合し、絶対的な規範等を打ち立てようと野心を燃やしたのが吉田兼倶であった。彼は、儒教・仏教・神道を至高の教えが異なる形で示されたものと捉え、その根本が吉田流の神道である、それは「根元」としての神が世界に内在し運営するという認識に基づく、と説いた。権力者の国家統治、民衆の現世利益といった願いは、「根元」である神との関わりの中で達成されるという。だが一方、この「神」は国常立尊《くにとこたちのみこと》（『日本書紀』に登場する世界で最初に現れた神）に比定されてはいるものの、人格性が弱く救済の働きは乏しい。後の徳川家康神格化は、この点を反面教師とすることになる。

　ともあれ、吉田流神道思想の特徴は、神＝〈究極的な原理〉に基づく現世秩序の認識にあった。その上で、神道が根本で最上、儒教・仏教は枝葉、などと説かれたのである。「大菩薩」号を低く見るのも、この立場によれば当然であろう。

朝廷の抵抗

　一方、「勅許なきによって」新八幡号が却下されたという『伊達《だて》日記』の記事などは、朝廷も吉田神道の思想を支持したことに加え、皇祖神《こうそしん》の簒奪《さんだつ》への拒絶と解釈できるかもしれない（河内　二〇〇六）。豊臣氏は、本来織田家の一武将であり出自も低く、それだけに秀吉の死後も政権を保つには、より強い権威を必要としたであろう。そこから、新たな権威は他に超越したものであることがとくに要請された。一方で豊臣政権は、徳川家康をはじめとする大大名の連合体的性格が強く、領土の配分や家臣化した経緯などの点で、常に潜在的な敵国を抱えていた。「豊臣」であることにより支配を正当化することは困難で、いきおい「神国」「日輪《にちりん》の子」といったフィクションを掲げざるを得なかった状況の中で、秀吉は二所宗廟《にしょそうびょう》の片方である八幡神との一体化を図ったのかもしれない。だが、公家側の違和感のためか、その構想は実らなかった。

秀吉死去一周忌にあたり、後継者となった秀頼が方広寺に献じた大仏殿再建の願文には、聖武《しょうむ》天皇（七〇一～七五六）の東大寺大仏建立と並ぶ偉業として秀吉の方広寺大仏建立を称えた上で、豊国大明神の擁護を祈る言葉があった。しかし、豊国神社自体は全国二十ヵ所ほどに勧請されたものの、慶長二十年（一六一五）の豊臣家滅亡によって破却されていった。現代の目では、権力者一族の滅亡でしかない。しかし同時代の人々の目には、〈秀吉神〉の敗北と受け取られたはずである。

家康神格化の課題

秀吉の試みは、家康に大きな教訓を残した。強力な守護神となれず、孤立して滅びていく神の姿を、家康は間近に見た。徳川の神は、では、どうすれば子孫を守りきれるだろうか。

新たに神になる場合、すでに日本社会に根をおろした神々の体系と、どのように向き合うかが問われるだろう。古代の神話に淵源を持つ神々の秩序は、曲がりなりにも京都の朝廷が管理していた。神の子孫とされた天皇は、神号や神階をコントロールする。秀吉神を「豊国大明神」と名づけ、「正一位」を与えたのは朝廷であり天皇であった。だが、天皇家の神もその他の神々も、秀吉神を助けなかった。新たな神は、従来の神々を超えた力が必要であることを、家康は意識せざるを得なかっただろう。

朝廷の管理する神々は、古代そのままに尊貴な存在であったわけではない。中世に広がった思想は、神を仏教の支配下に位置づけ、神々の力を制約した。もし、自立した強大な神を求め、伝統的な神々を超越する必要があったなら、その手がかりは中世思想の中に見出せるように見える。信長や秀吉と共通の課題に対し、新たな方策を得るためにも、家康は手持ちの材料を見直す必要があった。

天道思想と戦国武将たち

天道の信仰

戦国時代、武将たちの信仰を集めていたのは天道《てんどう》であった。伝統的秩序が崩壊し予測不能の事態にのぞむとき、人智を超えた存在が求められる。戦の勝利を願って神仏に祈り、不本意な結果を天命として受け入れる中で、天道の信仰が形成されていった。以下、石毛忠氏の研究成果によりながら、その様子を見ていきたい。

天道は、仏教用語に由来する。仏教では迷いの世界を六道《ろくどう》（地獄道・餓鬼《がき》道・畜生《ちくしょう》道・修羅《しゅら》道・人間道・天道）に分けるが、その中のひとつが天道であった。「天道」はもともと迷界《めいかい》に属したが、「天堂」（＝極楽世界）と同音であることから、救いをもたらす方向で再解釈され、遅くとも南北朝期には、神仏と同じような超越的存在を意味するようになっていった。

天道はまた、儒教的な観念をも取り入れた。地道と対にすることで、天地万物の道理という意味が加わったのである。さらに人間の道徳行為と結びつけられ、人の善を喜び、不義を憎み、それにふさわしい結果を与えると考えられた。もともと古代儒教では、天は意思を持ち人間を支配する存在であり、その部分に重点を置いた受容ともいえる。

神道思想でも天道は、早くは天体の運行という意味で用いられたが、やがて天神《てんじん》の意思（天地の規範的道理）という意味に移っていった。こうして、ちょうど神・儒・仏の三教一致説が盛んだった時代背景のもとで、それぞれの意味を統合した概念としての天道が成立したと考えられている。そうした例を一つ挙げよう。

儒教の徒は周公《しゅうこう》や孔子を聖人として崇めますが、もし彼らがインドに生まれていたら、釈迦のような教えを説いたことでしょう。「天堂」が無ければ別ですが、もし存在するなら君子こそ往生することでしょう。地獄が無ければ別ですが、もし存在するなら小人《しょうじん》こそ堕ちることでしょう。（一条兼良《いちじょうかねら》『樵談治要《しょうだんちよう》』）

諸教の一致を説く立場から、儒教の君子と小人が、仏教の善人や悪人になぞらえて把握された。こうした感覚に基づき、「天道にかなう」「天道に背《そむ》く」といった言い方が、奉じる教えの違いを超えて、しばしば見られるようになった。

二つの型

天道思想には、大きく二つのタイプがあった。一つは、天道は人の善悪と関係なく、偶然的に幸不幸をもたらすとするものである。

君子は武略によって敵を滅ぼし国を治めるのですが、天の影響を避けることはできません。ですから天運に乗じて敵を討つ時は、それ自体の善悪と関わりなくすべて善の行為なのです。逆に天運が尽きた時は、それ自体の善悪と関わりなくすべて悪の行為となります。その善し悪しを論じても、詮のないことです。「天道」の示す結果は人の判断を超えているのです。

（三浦浄心《みうらじょうしん》『北条五代記』）

ただし、たとえ結果が不可測であったとしても、自力救済の時代に生を享けた戦国武将たちは、現実から逃避することは出来なかった。かえって、彼らは文字通り〈運を天に任せ〉困難に立ち向かっていった。下剋上の状況下、天の意思が不可知であることに、かえって乾坤一擲《けんこんいってき》の勝負に出る意義を見出したのである。

天の与えるところを取らなければ、かえって咎《とが》を受けるという言葉もあります。陶晴賢《すえはるかた》はそこから、自分の運も主君大内義隆《おおうちよしたか》の運も「天道」次第と思い、謀反《むほん》に踏み切ったのでありました。

（『大内義隆記』）

こうした考え方があった一方、人の善悪に応じ、運命が左右されるとする考え方も存在した。一例を挙げる。

神仏を拝むのは外見だけのことに過ぎず、心の中までは分かりません。本当に必要なのは、心に正直と柔和をたもち、目上の人を敬い、下々を憐《あわ》れみ、本来のあり方を大事にする心持ちです。そうした心を持てば、仏意《ぶつい》や冥慮《めいりょ》にもかなうと思われます。たとえ神に祈らなくても、この心持ちがあれば、神が加護することでしょう。たとえ祈ったとしても心が正しくなければ、「天道」は見放すことと思い、心を慎まねばなりません。

（『早雲寺殿二十一箇条』第五条）

その人が正しい心を持つか否かに応じて、天道は報いを与えるという。天道は、人々の道徳性に対応して報いを与える神としてとらえられていた。人々は、早い時期は天道の不可知的側面を意識し、良い結果に対しては天道の計らいとして感謝し、悪い結果についても運命として受け入れた。やがて時代が下ると、そうした側面は残されたものの、天道をより倫理的なものと考え、自らの道徳的行為によって好ましい結果を得ようとする傾向（「善因善果」）が強まっていった。

天道思想の形成

天道思想の原型は、中世初期にさかのぼる。鎌倉幕府が成立した十三世紀、新たな武家の政府は、公家政権の「王土王民」思想（日本はすべて天皇の支配する地）に対抗し、自らを正当化する思想を必要とした。鎌倉幕府に集った武士たちが、実際に公家との戦いに勝利し、三上皇を流罪に処した承久《じょうきゅう》の乱《らん》（一二二一年）を画期として、武家政権の中で培われたのが天の思想（仁政《じんせい》を施すものにこそ天命が下り正当な支配が許される）であった。ここに、天道思想の淵源があるといわれている。

一方、戦国時代の特徴として、中国から伝わった「善書《ぜんしょ》」（明《みん》代から清《しん》代にかけて作られた民間の道徳書）の影響が指摘されている。『太上感応篇《だじょうかんのうへん》』や『明心宝鑑《めいしんほうかん》』などが、東アジア世界で流行した諸教一致説（儒・仏・道などの教えは一致すると説く思潮）の影響下に作成され、人間の善悪行為には必ず天（あるいは神）が、禍福の報いを与えると説かれていた。こうした人格を持った超越的存在（＝人格神）の概念は、天道思想と共通する。

宋代以降の中国では、目に見えず形もない「理」と、物質的側面を持つ「気」によって世界の統一的な理解を志向する「宋学《そうがく》」（朱子学《しゅしがく》など）が流行した。天道思想の理論は、主宰者として天を把握する点などが共通するものの、宋学が天を非人格的な存在とみなす点は相違する。天道思想においては、天は自らの意思を持ち、人間に道徳的行為を要求する

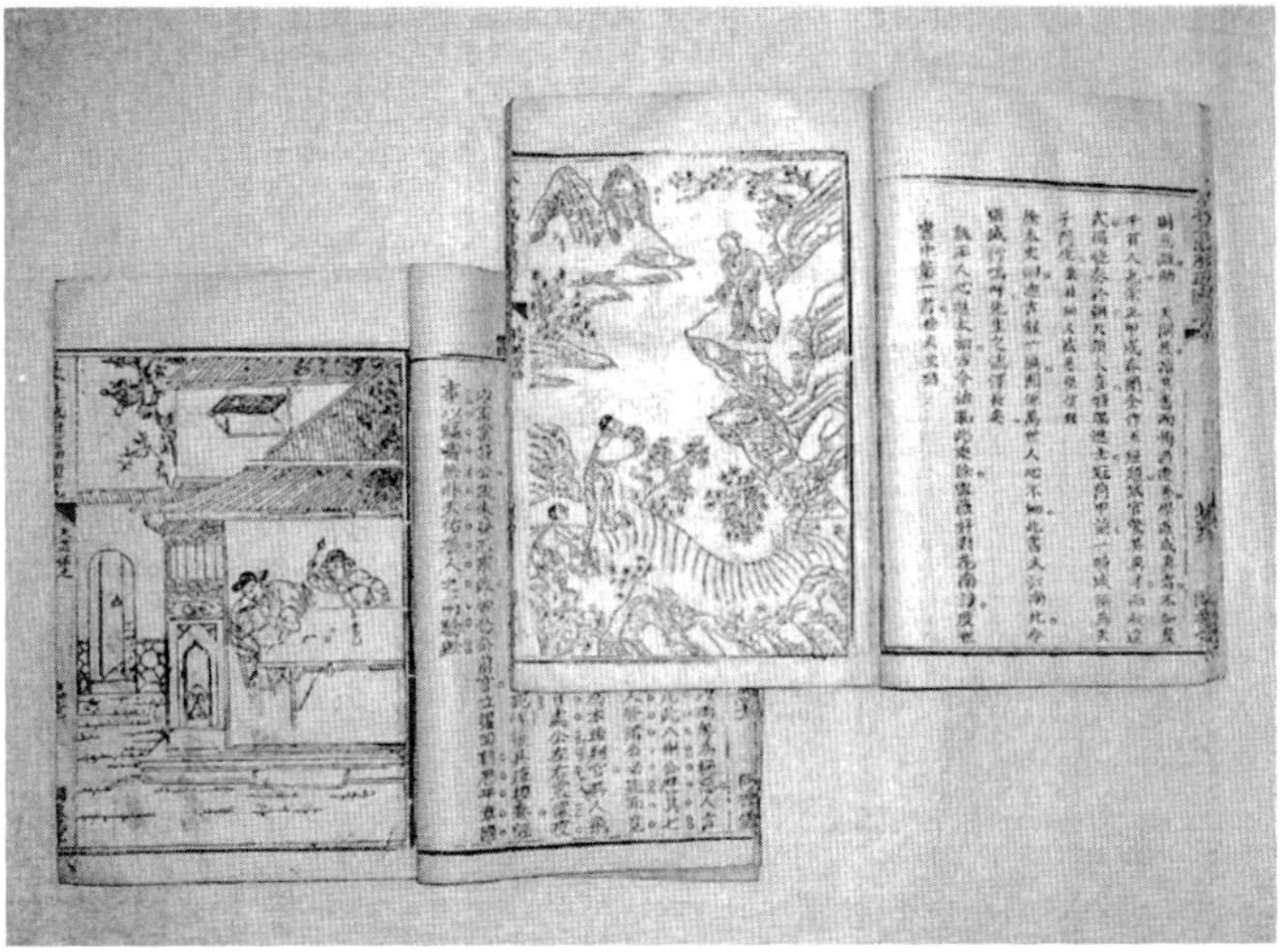

『太上感応篇図説』　善書の一つ（東北大学附属図書館所蔵）

ものとされているのである。

天道とキリスト教

人に応報を与える人格神という点では、むしろ戦国時代から近世初期にかけて流行したキリスト教が親和性を持つ。実際早い例では、永禄十一年（一五六八）に九州で編集された書簡例文集に、キリスト教の神について天道の語で示した箇所が見られる。また、文禄四年（一五九五）に刊行された『羅《ら》葡《ほ》日《にち》対訳辞典』では、キリスト教の神について「天主」「天尊」「天帝」とともに「天道」の訳語が使われた。

ただし宣教師たちの間でも、当初は「デウス」「天道」「天主」などの語が混用されていたが、キリシタン版が印刷され始めたころから原語主義が徹底されるようになったという。これは、人々の慣れ親しんでいた天道等の語を使用することで、最初はキリスト教受容が促進されたが、やがて本来の教義（唯一絶対神など）の誤解を招くようになったためと考えられている。

天下人と天道

織田信長や豊臣秀吉は、伝統的な権威を克服するため、天道思想を積極的に活用した。足利将軍や寺社勢力などの抵抗に対し、自らの行為が天道にかなった道徳的なものであると主張することで対抗したのである。たとえば信長が、叡山を焼き討ちした理由は、僧侶たちが「天道の恐れも顧みず」堕落しているからであると記された（『信長公記』）。また秀吉も、自らの徳によって天道の加護を得たと称した。

諸国の叛《そむ》く者を討ち、降参する者は家臣にし、ついに日本中の武士が家来となった。しかも自分（秀吉）は、相手によって態度を変えることなく誠実に行動してきた。したがって「天道」の意に適《かな》い、位人臣《くらいじんしん》を極めるに至ったのである。（真田文書）

天道思想は、天下人たちに支配の正当性を与える役割を果たした。だが天道は、特定の政権の永続と世襲を保証するものではなかった。天道は、儒教の徳治《とくち》主義の立場を基本とするため、徳を欠く上位者の打倒を正当化する一方で、自らが、または子孫が徳を欠いた場合も同様に、より道徳性を持つ下位者に打倒される路を用意しているのである。実際、信長が部下の反乱により滅ぼされれば、さっそく（実は）天道に背いたため滅びたとする話が流布した。次の例は、吉川元春《きつかわもとはる》（毛利家重臣）の言として伝えられたものである。

このたび信長親子が謀反により相次いで切腹に追い込まれたことは、まことに喜ばしいことであり、「天道」の配慮かと思われます。（厳島《いつくしま》野坂文書）

天道は、新たな秩序を作り出す上で有効性を持ったが、それを固定化するには向かなかった。そのため、天道に代わる新たな人格神が求められた。政治権力者の神格化が始まった必然性はそこにあった。そこで求められたのは、権力者の子孫永続を擁護する存在である。天道思想が理念（道徳性など）を為政者の要件としたのに対し、血統を要件とする新たな人格神が必要とされた。家康は、信長や秀吉を反面教師として、はるかに強く祖先神という性格を打ち出す必要があったのである。

そしてそのことは、伝統的に権威ある祖先神を奉じてきた一族＝天皇家との関係についても、再考を要する出来事であった。

徳川家康と天海

家康と天海

徳川家の宗旨

三河国《みかわ》（現在の愛知県東部地域）の武将松平元康《まつだいらもとやす》は、桶狭間《おけはざま》合戦で今川《いまがわ》義元《よしもと》（一五一九～六〇）が敗死したのに乗じてその支配下を脱し、本拠地岡崎《おかざき》で独立した後、織田信長との同盟を結んだ。三年後に今川からの自立を明示するため、義元の一字を含む元康の名を家康と改めた。さらに永禄九年（一五六六）、朝廷に願い出て名字を徳川に改め（本姓藤原）、従五位下三河守に叙任された。ここに、徳川家康が誕生した。

徳川家は代々、浄土宗の檀家であった。伝承では、同家祖先の松平親氏《ちかうじ》（生没年未詳）は諸国流浪の乞食僧《こつじきそう》（時衆《じしゅう》）であり、十四世紀後期に三河国松平郷の土豪の娘婿となって、

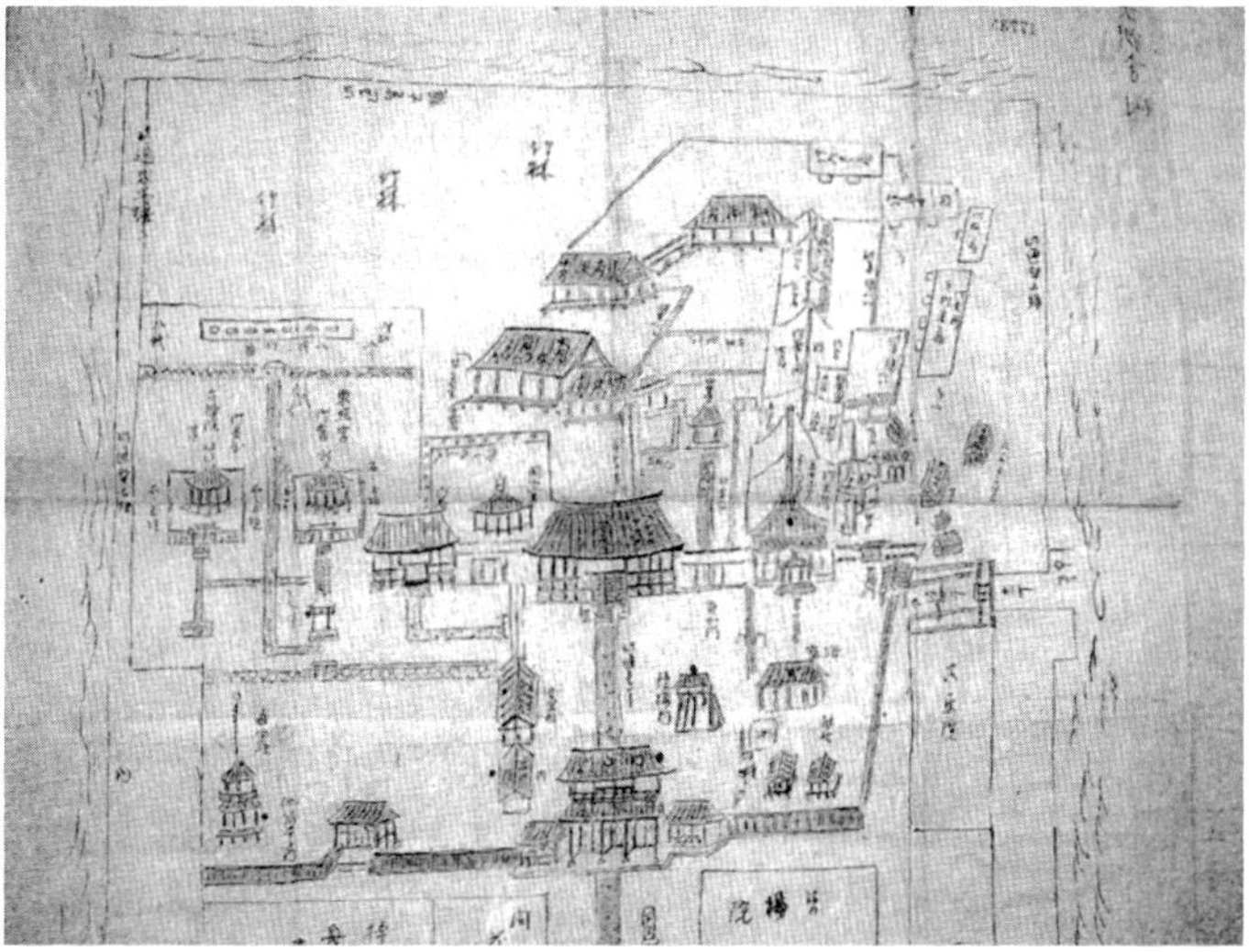

近世の大樹寺（愛知県岡崎市）
大田南畝旧蔵絵図（東北大学附属図書館所蔵）

還俗《げんぞく》し武士になったという。十五世紀後期に当主となった松平親忠《ちかただ》（？〜一五〇二）は、松平氏の勢力を拡大するとともに、岡崎に戦没者の鎮魂のために大樹寺《だいじゅじ》を建立した（伝承では文明七年〈一四七五〉）。開山として招かれた勢誉愚底《せいよぐてい》（一四四五〜一五一七）は、関東において浄土宗中興を成し遂げた酉誉《ゆうよ》聖冏《しょうげい》（一三六六〜一四四〇）の法流（白旗派《しらはたは》）に属し、大樹寺の基礎を固める一方、一時期京都の浄土宗本山知恩院《ちおんいん》の住職も勤めた。当時、愚底のみならず、白旗派の僧侶が頻《しき》りに関東から京都に進出しており、三河はその中継地として重要な拠点となっていた。当代一流の浄土宗僧侶と結びつきながら、松平氏は勢力を蓄えていったのである。

十六世紀前期に家督を継いだ松平清康《きよやす》（一五一一～三五）は、三河国統一を進める中で、新田源氏の一族である世良田《せらた》の姓を称した。嫡孫にあたる家康の徳川改姓は、江戸幕府公認の資料によれば、世良田氏の本拠地であった上野国新田郡徳川郷に由来する姓への復姓として説明される。清康時代にさかのぼる伝承に基づくものであろう。ただし、家康が本姓を源氏に改めたのは、はるか後年の秀吉への臣従前後であり、関東支配の有効性や、足利義昭《よしあき》出家（天正十六年〈一五八八〉）と関連する将軍志向が論じられている（岡野　二〇〇三）。

天正十八年（一五九〇）、秀吉の関東攻略に従軍した家康は、北条氏滅亡後にその遺領への国替えを命じられた。家康は拠点を駿府《すんぷ》から江戸に移し、約二百五十万石の大大名となった。松平時代からの大樹寺に代わり、江戸の地に新たな菩提寺が必要となり、浄土宗白旗派の流れを汲む存応《ぞんのう》（一五四四～一六二〇）を住職とする増上寺《ぞうじょうじ》が、その役割を担うことになった。このように、徳川家の宗旨は代々浄土宗であり、家康も浄土の教えに従っていたのだが、天海《てんかい》（一五三六～一六四三）との出会いによって変化が訪れたのであった。

家康と天海の出会い

家康と天海の最初の出会いについては、二説ある。『天正日記』によると、天正十八年（一五九〇）に北条氏に代わり江戸入りした家康に、天海が謁《えっ》見《けん》をしたという。しかし、①『天正日記』の記述は疑わしい箇所が多い、②その後二十年余り天海と家康の交渉が確認できないのは不自然である、といった点で、早くから辻善之助氏が指摘したように、そのままでは信用できない。ただし、形式的に新領主への挨拶があった程度なら可能性があるかもしれない。

次に、東源《とうげん》撰『東叡開山慈眼大師《じげんだいし》伝記』（以下「東源記」）の説によると、天海は慶長十二年（一六〇七）に家康の命をうけ、学問興隆のため叡山に登山したという。翌十三年には家康の命により駿府に赴き、初めての対面を遂げた。天海は翌十四年に権僧正に任じられており、肩書きも宗光寺《そうこうじ》住職から叡山南光坊《なんこうぼう》住職に変わっている。同年に智楽院《ちらくいん》の号を得、翌十五年には探題《たんだい》にも任じられた。もともと比叡山に強い基盤があったとは思えない天海がこうした出世を遂げるのは、他に要因が考えられないことから、このころ家康の知遇と後援を得たことは間違いないだろう。

その後家康は天海に対し、慶長十八年（一六一三）十二月に寺領を寄附し、同年日光山の管理を任せるなどの優遇を与えた。並行して、慶長末年には度々天台《てんだい》の血脈《けちみゃく》を伝授さ

南光坊址（叡山東塔）　かつての天海の住坊

れるなど、個人的にも帰依したという。この時点で、家康は天海に対し師弟関係を持ったと言えるかもしれない。では何が家康をして、そこまでの態度をとらせたのであろうか。次に、天海の個性について見ていくことで、考えてみたい。

天海の前半生

家康と出会った時点の天海は、すでに五十五歳と伝えられる。東照宮政策や天台宗内の寺院行政に活躍した後半生に比し、その前半生は知られていることが少なく、彼に関する伝説を生む原因ともなっている。巷間《こうかん》に広まった俗説として、天海と明智光秀は同一人物であるとするものがある。だが、天海の伝記の中でももっとも早く、慶安三年（一六五〇）に成立した「東源記」（前出）を一覧するなら、明智光秀とは別人のものとして、天海の前半生の実在したことは否定できない。子細に伝記を見るなら、いくつもの興味深い点が見つかるのである。

天海の出身は、会津《あいづ》の名族蘆名《あしな》の一族とされている。武士の出身であることは、天海の生涯にどのように影響したのだろうか。たとえば彼は、十一歳で出家した後、関東と上方の各地を巡り、自己の宗派である天台宗以外にも、南都教学や禅など仏教諸宗、さらには儒学や日本紀などを学んでいる。幅広く学ぶこと自体は、あるいは当時にあっては特別なことではなかったかもしれない。ただ天海の場合、そうした成果を終生おろそかにはしなかったようだ。天海は前半生は「随風《ずいふう》」と名乗っていた（慶長八年〈一六〇三〉ごろまで）。ところで「随風」の署名入り典籍として『人天眼目聞書《にんでんがんもくききがき》』『下学集《かがくしゆう》』『新編排韻増広事類氏族大全』『因明書《いんみようしよ》』『枕月《ちんげつ》』など十点ほどが、日光山輪王寺《につこうさんりんのうじ》をはじめ各地に現存している。そこからは、専門の天台教学以外に、他宗や漢学の基礎習得にも励んでいた様子が窺える（中川　二〇〇四）。

さらに、一宗一派にとらわれないような〈柔軟さ〉と関わるように思われるのが、血縁をめぐる二つのエピソードである。

二つのエピソード

永禄元年（一五五八）、南都で修学中の天海（二十三歳）に母の危篤の報せが届いた。ただちに会津に戻った天海は、病床に侍し看病に励んだが、定命のため母は逝去したという。「東源記」にはその箇所に、「出家者は肉親の恩愛を離れるべきものなのに、どうして孝行に励むのか」という問と、「恩愛を忌むというのは人々を欲望の世界から救うための方便説であり、戒によって孝を滅ぼすならそれは戒ではない」という答を載せる（以上大意）。この問答は、天海の立場や主張を示すため挿入されたものであろう。

次は、天正十七年（一五八九）の話である。伊達政宗《だてまさむね》との戦いに敗れた蘆名盛重《もりしげ》は会津から逃亡を図るが、敵の追手に阻まれる。同行した天海（五十四歳）は、一族であり檀家《だんか》でもある盛重のため、敵に向かってそれまでの不義をなじり「自分は僧侶の姿をとっているが血縁を捨てず檀那の恩を忘れない。ただ義のために命をかけるのみ」と大声で呼ばわった。敵はその剣幕を恐れ、殺生の報いを思い自ら退いたという。

「東源記」が書かれたのは、天海の没後七年目であった。東源自身を含め、親しく交わった直弟子たちが多く生存しており、内容が全くの創作とは考え難い。上記のエピソードは、天海本人と周囲の人々の共有の知識と考えるべきだろう。そこには、仏教の原則にとらわれるような〈硬直した〉対応が否定され、現世秩序の中での忠孝が称揚されていた。そうした現実肯定の方向性は、彼の天台教学修学とも軌を一にするものであった。

「東源記」によると天文末年、二十代の天海は、叡山神蔵寺《じんぞうじ》の実全《じつぜん》から玄旨帰命壇《げんしきみようだん》を学んでいる。また、三十六歳の元亀二年（一五七一）には、豪盛《ごうせい》から三重七箇大事《さんじゆうしちかのだいじ》を授与された。これらは叡山の檀那・恵心《えしん》両流を代表する教学であり、その内容は本覚《ほんがく》思想、つまり現実の徹底的肯定である（詳しくは後述）。

摩多羅神
玄旨帰命壇の本尊（鳥取大雲院所蔵）

このように、天海の前半生には世俗的価値を重視する志向が強く見られるのであり、武士の一族出身であることと相まって、武家の価値観を生かし世俗権力を擁護する仏教樹立が彼の課題となっていた。家康の天海に対する帰依を考えるとき、こうした点は見逃せない。

家康晩年の御前論義

家康と天海の関係について、家康晩年の御前論義《ろんぎ》を対象とすることで、さらに考えてみたい。家康が最終的に覇権を確立したのは、豊臣秀頼を滅ぼした大坂の陣（慶長十九年〈一六一四〉十月～二十年五月）である。ところでほぼ時を同じくして、とくに慶長十八年から同二十年（七月元和改元）の三年間に、家康が多くの僧侶を集め、各宗派の論義を聴聞するという出来事があった。管見の限り、前後する数年間の開催状況は、表1の通りである（山門《さんもん》・寺門《じもん》は各々天台宗の山門派と寺門派、家康は元和二年〈一六一六〉四月に死去し以降は秀忠のみ臨席）。

御前論義の開催

慶長末年には、このほかにも宗派としては浄土宗・禅宗（臨済《りんざい》・曹洞《そうとう》）が加わり、形態

表1　家康晩年の御前論議開催状況

年	総数	内訳
慶長十六年	1	真言1
十七年	3	真言3
十八年	26	山門11、寺門6、真言4、新義真言4、不明1
十九年	69	山門26、真言19、新義真言12、法相5、華厳6、不明1
元和　元年	22	山門11、真言8、新義真言1、法相2
二年	0	
三年	0	
四年	2	山門1、新義真言1
五年	1	山門1

としても法問や雑談などが行われ、家康周辺の宗教との関わりは濃厚だった。こうした事態について従来の研究史では、あるいは僧侶を管理するため、あるいは寺院勢力の内部に干渉するためといった、政治的観点から説明されていた。それに対し以前筆者は、論義開催等は家康の文化的・宗教的カリスマ性確立の側面からも把握されるべきと考えた。次に、その点について説明していきたい。

仏教諸宗派と論義

論義とは、経典や論書の疑問点について問答し解明する行為や儀式を指し、インド以来の伝統がある。日本の場合、仏教伝来当初から『法華経《ほけきょう》』『金光明最勝王経《こんこうみょうさいしょうおうきょう》』『仁王般若経《にんのうはんにゃきょう》』などの護国経典の講義が盛んであり、それに付随して論義も実施されてきた。講経《こうきょう》を中心とする法会《ほうえ》は、早くから鎮護国家や福利滅罪の祈願のため、やがて故人の追善《ついぜん》や王権の荘厳《しょうごん》をも目的として実施され、その中で論義も行われていた。

ところで、そうした法会は僧侶の側からは、自らの学識《がくしき》を披露する好機である。また僧侶集団全体にとっても、学問の実力を測る格好の機会でもあったことから、平安時代初期には「講師《こうじ》五階・読師《とくし》三階」の制度が定められた。僧侶集団の上層部（僧綱《そうごう》）に昇進するためには、また諸国の国分寺《こくぶんじ》に講師・読師として赴任するには、論義の場で実力を認められ、主要な法会で役職を勤め上げなければならないことが定められたのである。

南都仏教では、藤原鎌足の追善儀礼に由来する興福寺《こうふくじ》の維摩会《ゆいまえ》に続き、宮中御斎会《きゅうちゅうごさいえ》、薬師寺最勝会《やくしじさいしょうえ》が成立した（＝南京三会《なんきょうさんえ》）。その後、十一世紀には北京三会《ほっきょうさんえ》やその他の諸法会が成立し、学僧の昇進階梯を形成した。僧侶たちは、段階を経て南・北三会の講師となり、学問上の上位者である問者と質疑を行い、合格と判定されなければ出世できなかっ

大講堂（叡山東塔）　広学竪義がここで行われる

た。一方、法勝寺御八講に代表される、諸宗の学僧たちが学識を披露し、宗派間の交流・協調を図る法会論義も成立した。こうした体制のもと、論義の重要性が増していったのである。

天台論義の特色

そのような状況の中で、天台論義の特色が形成された。先行する法相《ほっそう》宗や華厳《けごん》宗などに対し、天台宗が宗教界で地位を築くためにも、論義の場で自宗教学の優越を示すのは避けられない課題であったため、良源《りょうげん》（九一二〜九八五）以降、天台宗では論義を盛んに行った。とくに、安和元年（九六八）に開始された「広学竪義《こうがくりゅうぎ》」は、学問試験としての性格が強く、多くの天台僧たちが合格者（竪者《りつしゃ》）となるための努力を傾けた。大小さまざまな法会の場での論義が重視される中で、論題の整備も進められた。

天台宗の論題は大きく三つのカテゴリーに編成される。天台宗の中心的命題を論じた「宗要《しゅうよう》」、経論《きょうろん》をもとに天台宗の独自性を論じる「義科《ぎか》」、汎仏教的な問題を論じた「問要《もんよう》」である。それぞれのカテゴリーは、さらに分類され数百の論題に整理された。数多くの多様な問答を、整理し秩序づける作業が中世を通じて進められ、中世後期にはいくつもの編纂物が作成されていった。形式的な整備が進んだ一方、教学の面では観心《かんしん》主義的、口伝《くでん》主義的傾向が盛んであった。いわゆる本覚思想的傾向のもと、論義の中にもそれを反映した記述が見られた。他の宗派と同様、天台宗も教学の発展は論義を基礎としていた。そして天台論義の独自性として、本覚思想的傾向が挙げられるのである。

本覚思想

「本覚」とは、人間は本来悟った存在であり、真実は自分自身の中にこそあるということを意味する語である。仏教ではインドにおける開宗以来、悟りを外部の世界でなく、自らの心に求める傾向が強かった。なぜ心を修めることが悟りに至るのか。早い時期の学僧たちは、すべてが「空《くう》」（永遠不滅のものではない）であるからという理由で、自分自身の中に空を見出すことで悟りが得られると考えた。しかし、空は否定形でしか真実を指し示せない。たとえば『般若心経』では、さまざまな存在が空であることを、「〜ではない」という句を連ねて表現する。

舎利子、是諸法空相　シャーリプトラよ、すべては空なのである
不生《ふしょう》不滅、　生ずることもなく、滅することもなく、
不垢《ふく》不浄、　汚れることもなく、清らかでもなく、
不増不減、　増えることもなく、減ることもなく、
是故空中、　この故に空であり中であるのだ

だが、この世の中が空であることを、すべては虚《むな》しいと解釈し、ともすれば厭世的《えんせいてき》になる傾向は、仏者にとって望ましいものではなかった。そこから、この世の中にこそ真実を見出し、前向きに生きるべきと説く思潮が発生し展開した。そうした中で、人間おのおのには本来真実が備わっていると説く思想が生まれた。煩悩《ぼんのう》を無くしたところに悟りはなく、煩悩の中にこそ悟りがある（「煩悩即菩提」）といった主張はその典型である。こうした現実肯定的性格を強く持つ仏教思想は、しばしば「本覚」をキーワードとして使用したことから、近代の仏教学者の間で「本覚思想」と称されるようになった。

天台宗は、中国で智顗《ちぎ》（五三八〜五九七）が開宗した時から現実と向き合う傾向が強か

った。最澄（七六七～八二二）によって日本に伝わり、密教化していく中でさらにその傾向を強めた。九世紀後半の、安然《あんねん》による天台密教の大成を画期として、本覚思想は先鋭化し深められた。天台宗では神仏習合の神道を生み出し「山王《さんのう》（一実《いちじつ》）神道」と称している。山王神道も、本覚思想の影響を色濃く受けて教学を形成した。その他、本覚思想はさまざまな文化事象に影響を与えたが、一方で、何も修行をしなくとも、現在の自分がそのまま悟った存在であると思いこみ、戒律を守らず学問・修行を軽んじる破戒僧を生んだともいわれる。その後江戸時代には、政治権力による宗教勢力の管理統制が進み、個人の心よりも法や制度が重視される中で、本覚思想は否定されていった。

家康の関与

さて、慶長末年の家康御前論義においても、天台論義の内容は『法華経』や天台教学に基づく内容が見られる。加えて、全体の中で天台論義の割合が高いこと（約三分の二）、とくに大坂の陣（慶長十九年〈一六一四〉十月～同二十年五月）の前後に多く開催されていることから、天台論義は同時期の御前論義開催の必要性を、もっとも強く担っていたと考えられるのである。では、その必要性とは何であったのだろうか。

御前論義に注目する際に見落とせないのは、家康の関与である。一般論として、戦国時代の武将は高度な仏教教学については基礎知識が乏しく、関心も薄かったと考えられる。だが、家康に限っては、例外と思わざるを得ないようなのである。

御前論義の特徴として第一に、家康の意思が濃厚に反映されていることが挙げられる。たとえば論題を、家康が指定することがあった。

浅間蓮池坊において真言論義が催された。このごろの蓮華が紅白に咲きほこっているのに乗じ、仏法聴聞と納涼を兼ねての会である。以前からの家康様の「上意」により、密教の教えは顕教に勝る、という題を立てた。

（『駿府記』慶長十七年六月二十四日条）

さらに家康は、論義の形式にまで口を挟んでいる。

家康様が天海に、「自分は法会に参加するたびに、身心が喜びに満ち老いた身を忘れてしまうほどであるが、さすがに歳のせいか長時間となると体が耐え難い、良い方策は無いだろうか」と尋ねられたところ、天海はただちに理解し、僧たちに告げて「今後は、家康御前では、問答を一往復に限ることにする」と命じた。人々はこれを「一句問答」と称した。

（「東源記」慶長十八年条）

関連して指摘するなら、真言宗の高僧である義演《ぎえん》（一五五八～一六二六）の日記にも、講師《こうじ》一人で答える方式の論義について「天台宗の講師この式」、さらに「大御所のお許らい」とある（慶長十八年五月八日条）。家康（大御所）が論義の形式に注文をつけ、天台宗がいち早くそれを取り入れた様子が裏付けられるのである。

こうした家康の積極的な関与は、論義の形式だけでなく、内容にも影響を及ぼしていたと考えられる。天台論義の論題には、罪悪や救済、成仏に関するものが多く見られる。たとえば、慶長十九年七月十六日には、「目連救母」の論題のもと、母を救うため地獄に入るべきか、あるいは現世で神通力を駆使して救うべきかが問われた後、「自身ともに餓鬼道に入り救う」ことが解答されている。単なる経典解釈にとどまらない、実践と関わる内容が扱われている。さらに別の論題の中には、「君臣の関係は一生のみか、それとも生まれ変わっても変わらないのか」といった、およそ仏教とは縁遠く、武家の立場でしか考えられないような題も扱われていた（『駿府記』慶長十九年六月六日条）。

僧侶が聖なる世界にとどまらず、世俗の問題に関わりを持つのは、現実世界の中にこそ真実があるとする本覚思想の影響であろう。家康がとくに天台論義に力を入れたのは、そうした傾向に魅かれた面があったのではないだろうか。

慶長末年の家康御前における天台論義には、家康の積極的な関与が認められる。家康が関与した結果、論義の場は単なる経典解釈ではなく、いかに生きるべきかが問われる場所となった。それが、大坂の陣を目前に控えた時期に行われたことは、何を意味するのだろうか。

天海演出、主演家康

すでに七十歳を越した家康にとって、豊臣家との最終決戦に勝つことの重要性はいうまでもないが、同時に自己の死後への関心が高かったであろうことは推測に難くない。死後の極楽往生への願いが強かったとするなら、罪や往生を扱った論題が多いのは首肯できる。また、残される子孫や徳川家中のことも気がかりであったと思われる。それが後に、守護神となることの決意に至るなら、その観点からも考える必要があるだろう。

この事に関して、実は天海も証言を残している。二十年ほど後の寛永十三年（一六三六）に著した『東照社縁起』（真名上巻）の中で、慶長末年の論義について次のように回想しているのである。

僧侶も俗人も忙しく仏事を執り行った。このように仏教が盛んな素晴らしい様子は、おそらく仏教の本国であるインドや、仏教の先進国である中国でも見られなかったことであろう。（中略）万国円満の繁栄は、まさに今といえるだろう。

天海は、慶長末年の論義開催を、円満な繁栄のあらわれと見た。注意したいのは、理想的な始原の創造は、しばしば永遠に続く繁栄への願いと結合していることである。家康にとって、自らが理想的な秩序を作り上げることは、自己の来世と子孫や徳川家中の将来に対する最大の貢献と考えられたのではないだろうか。家康が目指したものは、自己の救済・成仏とともに、子孫繁盛・政権永続であり、論義はそのための功徳を積む場であったと考えてみたいのである。

万事多端の時期、あえて論義を行った家康の意図は、そう考えた時はじめて無理なく理解されるように思われる。いわば天海の演出に助けられ家康がカリスマの役を演じることで、家康自身は死の恐怖から解放され（成仏ないし神格化）、政権も求心力を得る（徳川の平和到来を寿ぐ）という構造が考えられるのである。家康の意識の中で、神格化の選択肢が大きな部分を占めてきたことを示す事件だったといえよう。

家康死後の動向

家康の死

大坂夏の陣で豊臣家を滅ぼした元和元年（一六一五）も暮れ、翌二年正月、家康は突然発病した。正月二十一日、隠居して江戸から移り住んでいた駿府（現在の静岡市）の郊外に鷹狩に出たところ、深夜に入ってにわかに痰《たん》が咽喉《のど》に詰まり危険な状態になった。侍医の治療によって危機を脱し、二十五日に駿府城に戻った家康だが、その後は、表面的には快調な日々と、突然の発病を交互に繰り返しつつ弱っていった。

四月に入るころには家康も死期を悟り、さまざまな指示を出し始めた。四月二日、家康側近の本多正純《ほんだまさずみ》（一五六五〜一六三七）と崇伝《すうでん》（一五六九〜一六三三）、そして天海が病床に呼ばれた。崇伝の記録によれば、そこで家康が語ったのは次のような遺言であった。

自分の死後、遺体を駿府郊外の久能山《くのうざん》に納め、葬式は江戸の増上寺で行い、位牌を岡崎の大樹寺に立て、一周忌を過ぎたころに日光に小さな堂舎を建て神霊を勧請《かんじょう》せよ。自分はそこで「八州」の鎮守神になるのだ。

（『本光国師日記《ほんこうこくしにっき》』）

一進一退を繰り返していた病状は、四月十日過ぎから後戻りできない状態となり、ついに四月十七日午前十時ごろに逝去となった（七十五歳）。

明神・権現論争

家康の遺骸は、その日の夜に久能山に運ばれた。にわかに雨の降り出す中、本多正純以下重臣数名に天海、崇伝と梵舜が付き従った。後の歴代将軍の場合、逝去の当夜に極めて少人数で遺骸を移すのは異例である。一方秀吉の場合、家康同様死後すぐに遺骸を伏見城から運び出して阿弥陀ヶ峰に安置している。浦井正明氏は、諸大名の香典を受けなかったことも紹介した上で、急遽遺骸を移した理由について、「家康を神に昇化するためには、まず生身の家康の遺骸をできるだけ早急に人の目から隔離することが望ましいと判断したのではないだろうか」と推測している（浦井　一九八三）。首肯されるべき見解であろう。

家康の祭祀は、当初は梵舜が取り仕切った。彼は吉田兼見《かねみ》の弟で、吉田一族の氏寺である神龍院の住職を勤めていた。兼見亡き後、幼い当主に代わり吉田神道の中心人物として活動したため、秀吉死去の際にはその神格化に携わり、豊国社の社僧を兼ね（後に神宮寺《じんぐうじ》別当《べっとう》）、豊国明神を祀る中心人物となっていた。

久能山に仮殿を作り家康の遺骸を埋葬し、さらに社殿を大明神造で建築するなど、家康祭祀は完全に梵舜主導で進められていた。そもそも、吉田神道以外の方式を選択するという発想自体がなかったのであろう。死の穢れを忌む神道諸派に対し、吉田神道では穢れを第一に心の問題と見なし、歴代の当主に「霊社号」を贈り神としその墓を祭ってきたのである。死者を祭るなら吉田神道というのが当時の一般的考え方であった。

ところが、事態は急転する。四月二十日、家康の神格化を吉田神道方式で進めていた崇伝・梵舜に対し、天海が異議を申し出て、駿府城内の将軍秀忠御前で論争となった。俗説（後代の編纂書に基づく）では、「御遺命の通り吉田神道で久能山に祀りました」と崇伝が秀忠に言上したところ、天海が「それは間違いである。御遺命は山王一実神道により祀ることだ」と口を挟み、吉田神道に基づき明神《みょうじん》として祭るか、山王一実神道により権現《ごんげん》として祭るか口論となり、最後は天海が「子孫が滅亡した豊国大明神の例を見よ」と言い放ち、山王一実神道で祭ることに決定したとする。実際は、一ヵ月近くの熟慮を経て秀忠の決断が下されており、俗説のような単純な話ではない。また、判断の際に山王一実神道の

世良田東照宮（群馬県太田市）
創建当時の日光東照社の社殿を移築

性格が重視されたとも推測されている。山王一実神道は天台宗の神道であるため、現世秩序を肯定する国家鎮護的性格が強いというのである（浦井　一九八三）。このことは前述した、天台宗の教義が本覚思想を中心にするという説明にかなうものである。

こうして、家康は吉田神道による明神号でなく、権現号で祭られることとなった。六月に天海が上洛し、朝廷で経緯等を説明した後、七月に権現号が勅許された。九月には朝廷から示された四案（東照・日本・威霊・東光）を検討した結果、秀忠の決断により「東照大権現」の神号に決定した。翌元和三年四月、一周忌にあたり新造なった日光東照社への正遷宮が華やかに行われた。「神霊を勧請せよ（たましいだけを移せ）」という遺言とは異なり、家康は遺骸ごと日光に移されたのであった。

寛永寺の創建

家康死去当時の天海は、武蔵《むさし》国川越《かわごえ》の喜多院《きたいん》を拠点としていた。関東では中世以来、川越の中院《ちゅういん》が「関東天台の本山」と称されていた。喜多院は中院に従属していたが、天海の存在が大きくなるに従い力関係を逆転させた。

喜多院の勢力を窺わせるのが、その山号である。当初、喜多院は中院と共に「星野山《せいやさん》」を称していた。しかし、慶長十八年（一六一三）に徳川家康が定めた「関東天台宗諸法度」において、関東の天台諸寺は比叡山延暦寺《えんりやくじ》の支配から脱し、喜多院を本寺《ほんじ》とするよう命じられた。そして喜多院に与えられた山号が「東叡山《とうえいざん》」である。ここにおいて、従来の本寺「叡山（延暦寺）」から、関東の「東叡山」が独立したのである。

家康の死後も、天海は喜多院住職として江戸幕府と関わった。しかし、川越は江戸から遠い。将軍秀忠は、元和八年（一六二二）に江戸城近くの土地を、翌九年には白銀五万両と高輪御殿の建物を寄進し、天海の拠点となる寺院を作らせた。ひとまず完成したのが寛永二年（一六二五）。これが寛永寺の始まりである。

延暦寺、仁和寺《にんなじ》、建長寺《けんちょうじ》など、年号を寺名とするのは、大規模な官寺に限られる（延

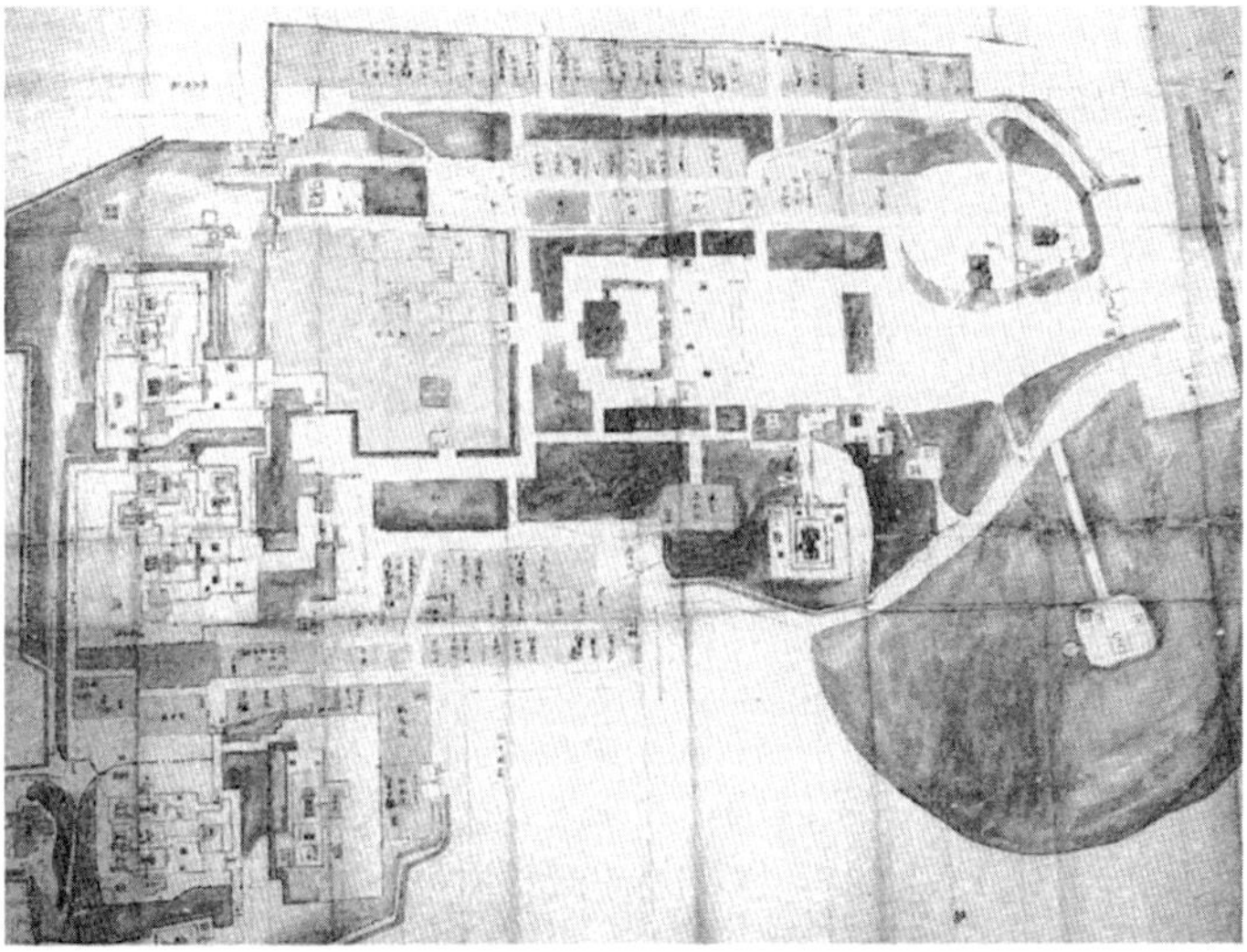

寛永寺絵図
内藤耻叟旧蔵（東北大学附属図書館所蔵）

暦は七八二～八〇六年、仁和は八八五～八八九年、建長は一二四九～五六年）。寛永寺も、一方で延暦寺を模すなど公的な側面を持つが、他方京都や滋賀近辺の名所を移し（琵琶湖《びわこ》にならった不忍池《しのばずのいけ》など）、建物も天海の自費でつつましく建てられるなど、天海の私寺的側面を残していた（浦井　二〇〇二）。

そうは言いながらも、寛永寺は新たな官寺として、着実に歩み始めた。喜多院は「星野山」に復帰し、「東叡山」の山号は寛永寺に引き継がれた。また、寛永十五年（一六三八）には幕府が朝廷に申請し、明正《めいしょう》天皇の弟宮（当時五歳）を天海の後継者とする勅許が下った。この計画は、すでに元和九年（一六二三）に企画されていたことが確認できる。天海没後の正保元年（一六四四）に得度《とくど》し「尊敬《そんきょう》法親王」と名乗った宮は、承応三年（一六五四）に寛永寺に移り、天海の後継者であった公海《こうかい》（一六〇七～九五）から住職を譲られた。明暦元年（一六五五）に「輪王寺門《りんのうじもん》跡《ぜき》」号が勅許され、天台宗の実権は完全に寛永寺に掌握されることになった。さらに、日本中の門跡が、天台宗輪王寺門跡を頂点として再編成されたのである（杣田　二〇〇三）。これは、鎌倉幕府が日光山のトップに貴種を迎え、鎌倉の大寺に居住させ、しばしば天台座主に就けた前例を踏襲したともいわれている。

天海の生前は、寛永寺を中心とする勢力は、なお完全に宗内を把握するに至っていなかった。しかし、皇子を迎えて天台宗のみならず日本の宗教界の頂点を作るという天海のプランは、後継者たちの手でたしかな実現をみたのであった。

徳川家光と天海

家光と宗教

祖父の顕彰

二代将軍秀忠は、父家康にならって実権を握ったまま隠居し、「大御所」として政権を支配した。したがって、三代将軍家光の独自の活動開始は、父の死去した寛永九年（一六三二）を待たねばならなかった。実際その時期になると、幕閣の組織整備が進められ、海禁政策が実施されたのに加え、秀忠時代と異なる対朝廷融和策（後水尾《ごみのお》上皇対策）が実現した（野村　二〇〇六）。それに劣らず、政治活動として目立つのが、東照宮に関わる政策である。

徳川将軍歴代の中でも、三代将軍家光の東照権現信仰の強さは群を抜いていた。彼は自らを家康の生まれ変わりと考えていたらしく、「二世権現」等の書き付けられた守袋文書が残されている。何度も家康の夢を見ては家康の神像を描かせ、十数枚が現存している（高木　二〇〇三）。個人としてだけでなく政権としても、多くの武士を動員し巨額の経費をかけて、たびたび日光に参詣を行うことを厭わなかった（表2参照）。また、莫大な経費をかけて日光東照社の社殿を改築し、現在のような華麗な堂舎を完成させた。さらに、東照「社」の格を引き上げて東照「宮」とすること、および伊勢の例幣使《れいへいし》を復活させる際に日光例幣使を創設することを朝廷に働きかけ、実現した。

　こうした政策は、家光の個人的な信仰に基づくものであるが、時代の要請にこたえる側面も持っていた。戦国時代には、合戦を通じて実力を示すことが支配者の要件であった。しかし太平の世は、別の基準が必要となる。安定した地位継承システムの樹立がなければ、内乱状態を経て、再び戦乱の時代に戻ること

徳川家光画像（徳川記念財団所蔵）

表2　近世の日光社参一覧

回数	年月(和暦)	西暦	将軍	年忌	備考
1	元和3年4月	1617	2代秀忠	家康1周忌	
	元和5年10月	1619	2代秀忠		徳川実紀に記載するが未確認
2	元和8年4月	1622	2代秀忠	家康7回忌	
	元和9年4月	1623	3代家光		徳川実紀に記載するが未確認
3	寛永2年7月	1625	3代家光		眼病のため4月から変更
4	寛永5年4月	1628	3代家光	家康13回忌	大御所秀忠も別に参詣
5	寛永6年4月	1629	3代家光		疱瘡を患った折の立願
6	寛永9年4月	1632	3代家光	家康17回忌	秀忠死去の服喪のため今市にとどまり，井伊直孝が代参
7	寛永11年9月	1634	3代家光		
8	寛永13年4月	1636	3代家光	家康21回忌	東照社大造替
9	寛永17年4月	1640	3代家光	家康25回忌	
10	寛永19年4月	1642	3代家光		宝塔造営
11	慶安元年4月	1648	3代家光	家康33回忌	
12	慶安2年4月	1649	4代家綱		
	万治3年4月	1660	4代家綱		中止
13	寛文3年4月	1663	4代家綱	家光13回忌	
	寛文7年4月	1667	4代家綱	家光17回忌	中止
	天和3年4月	1683	5代綱吉	家光33回忌	中止
	元禄10年4月	1697	5代綱吉		中止
	正徳5年4月	1715	7代家継	家康100回忌	正徳2年家宣死去により中止
14	享保13年4月	1728	8代吉宗		
	安永元年4月	1772	10代家治		中止
15	安永5年4月	1776	10代家治		
	文政8年4月	1825	11代家斉		中止し1年延期
	文政9年4月	1826	11代家斉		中止
16	天保14年4月	1843	12代家慶		

根岸茂夫「江戸幕府の祭祀と東照宮」(『神道と日本文化の国学的研究発信の拠点形成』研究報告Ⅱ，2007年）による．

にもなりかねない。徳川家においても、ともすると一族や兄弟が比較される中で、将軍としての資質を詮索される危険性があった。実際、元和八年（一六二二）に秀忠が将軍になったときには、松平忠直《ただなお》（秀忠の兄秀康《ひでやす》の子）の謀反が噂されたし（翌九年忠直流罪）、家光は将軍になった後に弟忠長《ただなが》を改易《かいえき》し自殺に追い込んでいる。

幸いにして、弟忠長でなく兄家光が家督を相続すべきと決定したのは、祖父家康であった。家光にとって、嫡子相続の原則を作り、徳川将軍家を中心とする体制を安定させるためにも、この体制を創造した祖父家康の権威を高く掲げることはもっとも有効であったと考えられる。東照権現からの天下委譲を喧伝することは、家光個人の心情に即して納得できることであり、同時に東照権現の権威のもとに武家政権の秩序を安定させる意味をも持っていた。

天照の復権

家光の時代に、もう一つ注目すべき動向があった。天皇家の祖先神として伊勢に鎮座する、天照大神の復権である。

『古事記』や『日本書紀』に登場する天照大神は、日本の国土を作ったイザナギ・イザナミ両神の正統な後継者として、また万物を照らす太陽の神として、高天原《たかまがはら》を支配した。神話の中ではさらに、日本を支配していたオオナムジ（＝オオクニヌシ）に対し、自らの

伊勢内宮　天照大神を祀る

孫であるニニギノミコトへの服属を要求し、天孫降臨を実現させた。ニニギノミコトの曾孫が、カムヤマトイワレビコであり、大和において初代神武天皇となった。それゆえ日本は、天照大神の子孫である天皇家が支配する地とされた。

古代律令制の時代、天照は至高の神として位置づけられる一方、天皇一族の女性が斎宮《さいぐう》として奉仕し、一般人の祈禱は受け付けない、いわば天皇専用の神であった。だが中世になると、その体制が崩壊し、東国を中心に武家領主の寄進を盛んにうけるようになる。

また、伊勢の御師《おし》が全国を、大麻《たいま》（神

符）を配って歩き、開かれた庶民信仰の神ともなったのである。それに連動するかのように、天照大神の属性についても仏教思想の影響をうけ、大日如来や観音菩薩の変身した姿（垂迹《すいじゃく》）であると称された。さらには男神とされたり、留守居《るすい》の神を残していなくなったという説も説かれた（佐藤　二〇〇〇）。

伊勢の神宮は、天照大神を祀る内宮《ないくう》と、豊受大神《とようけのおおかみ》（もともと天照大神に食物を供える神）を祀る外宮《げくう》から成る。中世には外宮の神主によって、外宮の祭神は国常立尊《くにのとこたちのみこと》（『日本書紀』では世界で最初に現れた神とされる）であるから内宮より格上であるという説が唱えられ、広がりをみせた。

こうして、本来の姿がすっかり忘れられたところで、一つの争論が起こった。きっかけは寛永十二年（一六三五）の暮れ、伊勢の内宮神職が、自らの地位向上のため一つの異義申し立てを行ったことに始まる。当時、毎年正月六日に江戸城に全国の寺社の僧侶・神職が年頭の挨拶に参上する儀礼が行われていた。従来は、外宮が先、内宮が後の順番で御礼をし祓《はらえ》を献上していた。ところでこの時、内宮の神職は、外宮に対し内宮の優先を主張した。そのため、まず幕府で、ついで朝廷で、その問題が検討されることになった。この争論について、野村玄氏の研究に基づいてまとめると次のようになる（野村　二〇〇六）。

客観的に見るなら、内宮の主張は的外れな面がある。祓献上の前後は、祭神の優劣ではなく属性による。つまり、外宮の豊受大神は食物献上の神であることから、神宮では中世以来〈外宮優先〉の原則があり、それに対応させたに過ぎない。幕府から先例を尋ねられた朝廷でも、当初は先例通り外宮優先で答申した。ここまでは、とくに目新しいことではなかった。しかし問題は、その次にあった。

朝廷からの回答に対し、幕府は再度朝廷に諮問を行う。それ自体異例であるが、さらに諮問の内容は両宮の順番ではなく、神位の高下を尋ねる内容となった。朝廷に対し再度尋ねることのできる人物は限られる。再諮問の使者が「六人衆《ろくにんしゅう》」（後の若年寄《わかどしより》）の一人であったことからも、ここには将軍家光の強い意思が読み取れる。では、家光は何を意図していたのだろうか。

再度諮問をうけた朝廷では、当時の常識であった外宮上位（ただし国常立尊を祭神とみなす）をくつがえし、内宮（祭神天照大神）の優越を打ち出した。そして、幕府もその回答に納得している。

この間の混乱をみても、朝廷の側で確固たる根拠があったとは思われない。そこから、内宮上位論は家光が主導し、朝廷がそれを追認したという驚くべき事実が確認できるのである。

神々の連合

天皇家の祖先神とされていた天照大神であるが、中世から近世初期にかけて、天皇や朝廷はさほど重視していなかったことが判明する。その一方、将軍家光の側で天照大神の復権を進めたとするなら、家光の意図は何であったのか。

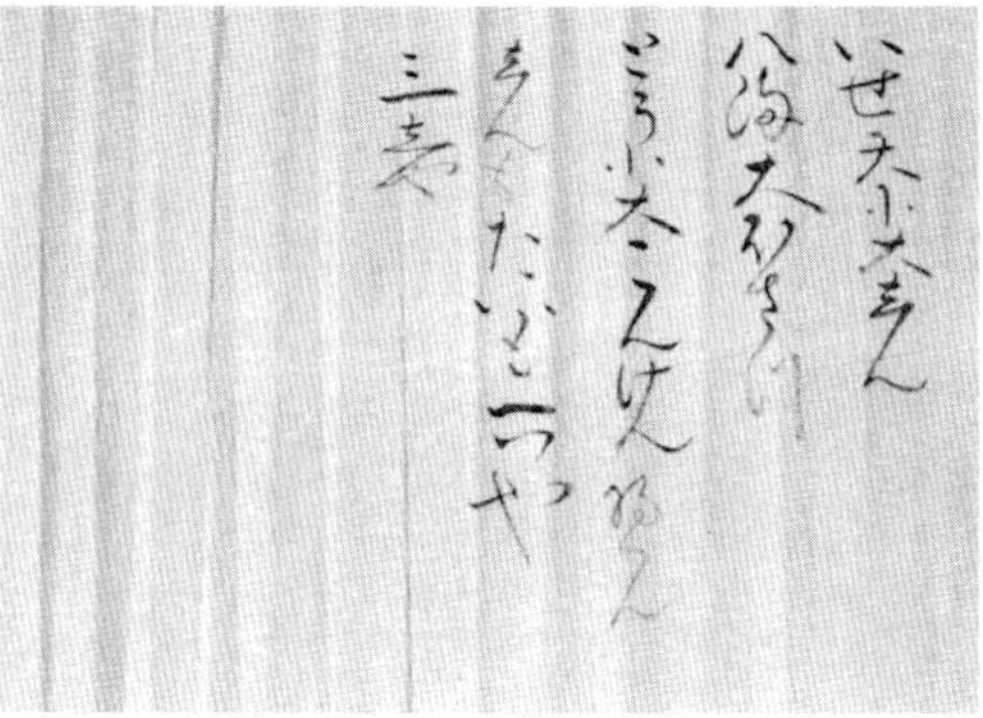

家光守袋文書（輪王寺所蔵）

これについては現在、朝廷から東照社への宮号宣下と絡めて検討されているが、結論としては、家光の国家構想が鍵になるようだ。すなわち、家光の守袋文書の一つに「いせ天小《(照)》大しん、八満《(幡)》大ほさつ、とう小《(照)》大こんけん、将くん、しんもたいも一ツ也、三しや」とあるように、東照権現・天照大神・八幡菩薩という神々の連合を構想していたというものである。

天照はもちろん、八幡も既述のように応神天皇であり、ともに皇祖神である。ところで天皇家は当時、明正上皇は家光の姪、後光明《ごこうみょう》天皇は義理の甥であ

関係系図

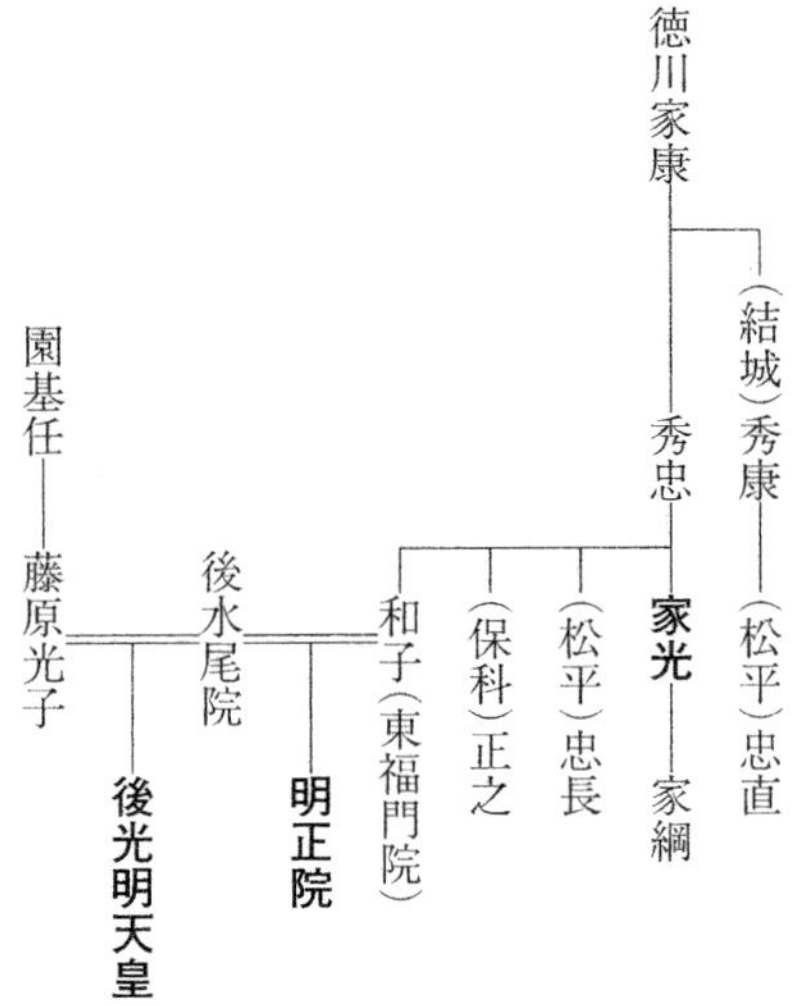

った。徳川の守護神と天皇家の守護神が連合を組んでも、決して現実離れしているとはいえない状況があった。家光自身の主観としては、東照権現を中心とした「三社」の連合は現実に立脚していたのである。連合の契機については、異国の外圧を重視するか、国内の政治秩序を重視するか、論者によって多少割れる。しかし、いずれにしても、徳川将軍家を中心にすえた神々の連合構想ということで考えられている（野村二〇〇六、山澤　二〇〇六）。

将軍自身の見解が表明されることは稀であり、家光の天照大神に対する意識を探ることは容易ではない。寛永十三年の伊勢両宮の争論は、その手がかりとなる数少ない事例であった。しかし、家光とその周辺の人々の神々に対する意識を探るには、もう一つ有力な手段が残されている。次に、それについて見ていきたい。

『東照社縁起』の基礎知識

二度に分けての成立

徳川家光周辺の神々に対する意識を探る上で、『東照社縁起《とうしょうしゃえんぎ》』の記述は大きな手がかりを与えてくれる。同書は、漢文体で書かれた「真名《まな》縁起」(巻上・中・下)三巻と、漢字仮名まじりの文体で書かれ絵の入った「仮名《かな》縁起」(巻一〜五)五巻、あわせて八巻からなる。

先行研究によると、この八巻は二度にわたって成立している。まず寛永十三年(一六三六)に、家康二十一回忌に向けて「真名縁起」上巻が撰述され、日光東照社に奉納された。ところが、それだけでは物足りなかったのか、同十七年(一六四〇)の家康二十五回忌に際し、残りの七巻が撰述され、装丁を揃えて日光東照社に奉納され現在に至っている。

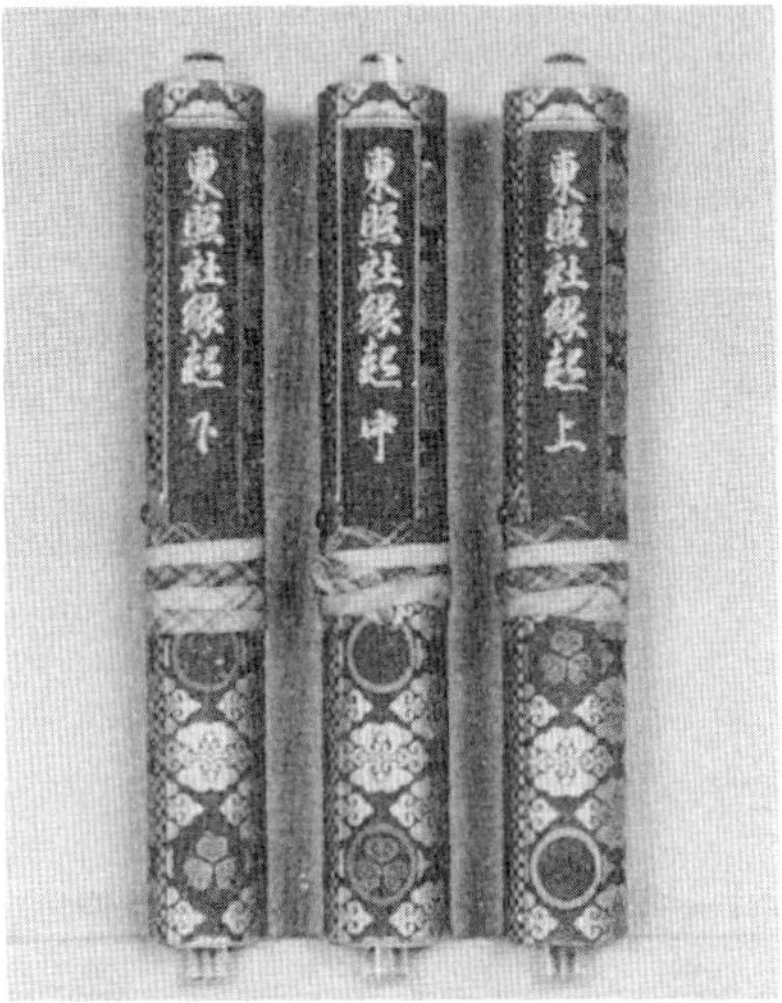

「真名縁起」装丁（日光東照宮所蔵）

家康の霊に対して奉納されており、直接的には将軍家光の個人編纂物的性格も持つが、家康祭祀が幕府の公式行事であったことを考慮するなら、より公的な編纂物としての性格で把握すべきであろう。実際、作成の過程で幕閣や御三家が下見をし、最終段階では後水尾院をはじめ、当時を代表する公家や門跡が動員され、筆をとって清書している。また、とくに「仮名縁起」は日光に奉納された後も、あるいは諸大名たちが社参の際に披見し、また幕府擁護の意図から複製が作成された例も見られた。秘蔵されたというより、限定された支配階層に見せることを前提として作成されたといえる。

後述のように、「真名縁起」上巻は単独で完結した内容を持つ。それにもかかわらず、二度目の撰述が必要とされたのは何故か。先行研究でも多少論じられている問題だが、ここでは各々の内容を点検することで、改めて考えることとしたい。

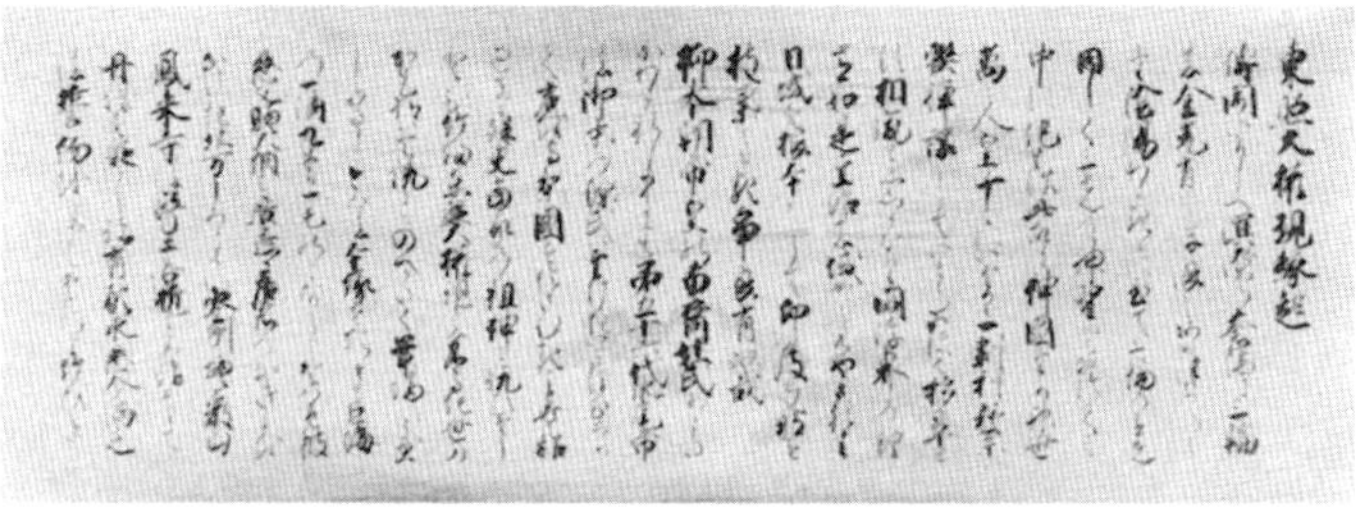

「仮名縁起」冒頭（日光東照宮所蔵）

『東照社縁起』という書名

ところで、ここまで『東照社縁起』という名称を使用してきたが、実は同書は、同じ内容であっても異なるタイトルで流通していることがある。現存する後代成立の写本では、「東照大権現縁起」「東照宮縁起」「日光縁起」「徳川縁起」などの書名が用いられている（後掲表3参照）。

成立当時の記録では、この縁起は普通名詞的に「東照の縁起」「日光の縁起」などと呼ばれていた。また採用された文体に即して「真名縁起」「仮名縁起」などとも呼ばれていた。こうしたさまざまな呼称が統一されたのが、寛永十七年と考えられる。

『寛永日記』によると、「仮名縁起」完成時点で表具《ひょうぐ》経師《きょうじ》屋《や》有庵《ゆうあん》という者が表装《ひょうそう》を命じられている。ところで、現在日光東照宮に奉納されている「真名縁起」三巻は、共通の装丁が施されている。「仮名縁起」五巻も同趣の装丁で統一され、全八巻はそろって「東照社縁起」の題が織り出されている。ここから、寛永十七年の家康二十五回忌祭礼に際し、江戸幕府の立場で全八巻の表装を整え、「東照社縁起」の題を公式に定めたことが考えられる。

その後、東照社の社格向上に伴い、「東照社縁起」から「東照宮縁起」の題が作成されたであろう。また、「仮名縁起」の冒頭の題が「東照大権現縁起」であったことから、それを前面に出したこともあったと考えられる。ともあれ本書では、正本である日光東照宮本の成立時点にあわせ、「東照社縁起」の書名を使用することにする。

弁海撰『東照大権現縁起』

ところで、あまり知られていないのだが、『東照社縁起』には諸写本のほかに、類似の題名を持つが内容の異なる写本が複数存在する。その中でも、弁海《べんかい》（一五七二～一六三七）の撰述になる『東照大権現縁起』（叡山文庫所蔵、以下「弁海縁起」と呼ぶ）は、天海撰の真名縁起上巻に前後する、早い時期の成立と考えられる。

「弁海縁起」は、冒頭の題「東照大権現縁起」の下に割注で「弁海／僧正」とあり、その他に撰者を示す表示はない。ここから撰者を弁海と推定している。弁海は、天海に師事した天台僧で、関東各地の有力寺院の住職を歴任し、寛永十年に権僧正《ごんのそうじょう》に昇進し、同十四年に六十六歳で逝去した。記事の最後が寛永七年であることから、撰述の時期は寛永十四年までの七年間と考えられる。寛永十三年に完成した天海撰の「真名縁起」上巻と、ほぼ同時期の成立と考えられるが、どちらが先かは現時点で決め手を欠く。

本文は、年代順に事跡を並べた家康一代記であり、家康の両親が薬師如来に祈念しこの世に生をうけた記述に始まり、豊臣氏を滅ぼした家康が死後東照権現として祀られ、孫の家光の将軍就任と、家光姪にあたる明正天皇即位に至る子孫繁栄の記述で終わる。

天海撰の縁起と比較するなら、「弁海縁起」は合戦の詳細な記述がまず目につく。天海の場合、「真名縁起」では合戦の場面は登場せず、「仮名縁起」でも合戦描写は小牧長久手《こまきながくて》戦、関ヶ原戦と大坂陣程度にとどまる。それに対し「弁海縁起」は、永禄元年（一五五八）の家康十七歳初陣の合戦に始まり、同六年の三河国内の乱、同七年の対今川氏真戦、元亀元年（一五七〇）以降の対浅井・朝倉戦、同三年の三方原《みかたがはら》における対武田信玄戦、天正年間の武田勝頼との戦闘、秀吉との小牧・長久手戦、その後関ヶ原合戦や大坂陣に至るまで、合戦の記録を書き連ねる。さらに、家康の「武威《ぶい》」をたたえ、「韓信に過ぎ張良を越ゆ」と中国の英雄になぞらえるなど、軍記物語（とくに家や個人の顕彰が盛んになる戦国軍記）の形態を継承しているように見える。

家康はどのように描かれているだろうか。天下掌握の正当性に関わる秀吉との関係については、小牧長久手合戦で家康が武名を揚げた結果、秀吉も「我慢の鉾《ほこ》を折り」旧交に復し、北条攻めの時は「軍の大将と恃《たの》み」、朝鮮出兵の際も「副将軍と仰《あお》ぐ」と記す。同盟関係であって臣下ではないと主張するような書き振りである。その結果、八月十八日に秀吉が逝去し、九月に入ると「綸命《りんめい》を蒙《こうむ》り」「天下執権《しっけん》を領《りょう》」したという。天皇・朝廷の権威を前面に出すことで、政権簒奪《さんだつ》というイメージを回避する手法は、『本朝通鑑《ほんちょうつがん》』など近世に作成された書物に見られる（石毛　一九六八）。本書はその早い事例として把握できるだろう。

一方家康自身については、鮮やかな武将ぶりに諸将をして、日本武尊《やまとたける》や応神天皇の生まれ変わりといわせている。日本神話の主人公、しかも武勇に優れた天皇家一族に喩《たと》える感覚は、天海の神格化の先蹤《せんしょう》にふさわしい。天海との共通点としては、秀吉の神格化をめぐる以下の記述も挙げられる。

秀吉は自分の分際をかえりみず、自分の楽しみにふけり人々を苦しめ、とくに信長への恩を忘れ織田一族を没落させた上、公家を軽んじ上下の身分を乱し、寺社を苦しめ神仏の祭祀を乱した。その悪業の報いが子孫に禍《わざわ》いをもたらしたのである。たまたま神に祀られたが、浅薄な者たちに任せたため吉田神道に偏執しまともな神になれず、ひそかに大仏を供養したが、異端の者たちに任せたため迷情にとらわれ邪法の徒となってしまった。

ここに見られる吉田神道に対する意識も、天海と立場を同じくするといえるだろう。「弁海縁起」は、時代を追って家康の偉大性を称え、子孫繁栄の結末に至る。こうした単線的な構成と比べることで、天海の縁起の独特の構成が見えてくるように思われる。

天海撰『東照社縁起』を読む

第一次撰述

『東照社縁起』の中で最初に成立した「真名縁起」上巻は、家康の生涯のある時期を集中的に描いている。続編が当初から予定されていた根拠はなく、それだけ天海のもっとも主張したいことが凝縮されていたと考えるべきであろう。その概要は、以下の通りである。

① 静岡市郊外の賤機山《しずはたやま》で酒宴を楽しんでいた家康は、傍らの庵から流れてきた読経《どきょう》の声に無常を感じ発心する。

② 殿中において家康は、聖徳太子の子孫滅亡の例を挙げ人間の業《ごう》の深さを説く。

③ 一方で家康は、自分が天下人となったのは祖先新田義貞《にったよしさだ》の善業の報いであるともい

「仮名縁起」巻２　花見（日光東照宮所蔵）

い、同じ仏教にも聖徳太子のような浄土往生を願う教えもあれば、自分のような家門繁盛をもたらす教えもある、と述べる。

④　仏教の教えの多様性に思い至った家康は、各宗派の僧侶や学者たちを招き論義を催す。

⑤　叡山の僧侶が桓武《かんむ》天皇と最澄《さいちょう》の吉例を挙げ、「王法繁昌」には天台宗の教えが最適であると家康に説く。

⑥　興味を持った家康の下問に答え、さらに叡山の守護神である山王権現の神道を説明する。

⑦　さらに家康の下問に答え、叡山に伝わる治国利《ちこくり》民法《みんほう》の説明をする。家康は、天台仏教と山王神道こそ「王法相承《おうほうそうしょう》」のためにもっとも有効な教えであることを理解する。

⑧　天海の言葉として、家康の徳の高さを称え、そ

の遺命に従い山王神道を守るべきことが述べられる。
「弁海縁起」との相違は明白である。合戦記の形態はとらず、ひたすら仏教と神道の教学について論じていることが分かる。言い換えるなら、家康を武将として把握せず、宗教者的な存在としての造型を試みているといえよう。

典拠を踏まえた表現

「真名縁起」上巻の冒頭の文章には、いくつかの地名が登場する。「駿河の国」は、現在の静岡県中部をさす（東部は伊豆《いず》国、西部は遠江《とおとうみ》国）。「志豆《しず》機《はた》山」（賤機山）は、大御所として家康が居住していた駿府城からほど近い山で、「静岡」という地名の元になった。そこで酒宴が始まるところから記述が始まっている。現代語で示すと次のようになる。

駿河の国の志豆機山は、竹が青々と茂り、こんもりと黄色の花が咲き、名前の知られた名所だけのことはある。「桃もスモモも、物を言い人を招くことをしないが、自然に人々を集める」という言葉も、こうした魅力的な風景なら実感できる。そこで家康様も、思わず立ち寄られた。お側につき従った和漢の文化に通じた者たちが馳せ参じ、早速酒宴の準備を整え、舞楽を開始した。その華やかさは言葉では表されないほどである。

この部分の原文は次の通りである（傍線筆者）。

駿河国志豆機山者、青々翠竹、鬱々黄花(1)、交枝潤色、名負名所也、桃李不言門前成市(2)云云、然者源君不思被枉高駕、故歌詠好士・儒者達周章馳参、雖卒爾家々酒宴処々舞楽、遊興不称計、

このうち、「桃李言はずして門前市をなす」（傍線部2）の表現は、典拠をふまえている。古代中国、司馬遷《しばせん》が著わした『史記《しき》』「李将軍伝賛」に、李広《りこう》の徳を讃えて、「諺《ことわざ》に曰く、桃李言はざれども、下おのづから蹊《みち》を成す」と記す。桃もスモモも、自分から招くわけでないのに、自然に人々が集まってくるということで、徳のある人には人々が帰伏することを譬えている。ここではとりあえず、志豆機山がそのような魅力ある場所であるという意味で解釈しておこう。

「云云」の語で典拠の存在が示されている傍線2に対し、傍線1は通常の文章に見える。しかし、平安時代に活動した天台僧の安然《あんねん》が、「青々たる翠竹《すいちく》、総じてこれ法身《ほっしん》、鬱々《うつうつ》たる黄花《こうか》、般若《はんにゃ》にあらざるは無し」という文章を著しており（『真言宗教《しんごんしゅうきょう》時義《じぎ》』）、中世の『本覚賛釈《ほんがくさんしゃく》』にも玄奘《げんじょう》作の一文として登場する（一部改変）。知識人（学僧）世界での広がりが考えられる語句であることから、文面どおりの解釈では不十分である。該当箇所の表

面的な意味は、竹の緑と野草の黄色い花の美しさを讃えるのみであるが、典拠を知っていれば、さらに哲学的な意味を加えることになるだろう。竹や花の美しさは、〈本質的な仏（法身）＝仏教の観点から見た世界の本質＝仏教の真理（般若）〉に支えられたものであるという。名所であるのは単なる景色の美しさだけでなく、世界の本質の示現する場所だからこそ、となり、そこに心魅かれる家康は、すでに宗教的人格と見なされているのである。続く「真名縁起」上巻の文章が、家康の発心《ほっしん》を語りだすことの、ここは伏線となっている。

『東照社縁起』は、さらにいえば当時の宗教文献の多くは、こうした構造を持っている。表面的な意味だけでなく、そこに込められた宗教的な意味を読み取らなければ不十分である。一々典拠の存在は明示されない。読者は当然知っている、という前提で書かれている。分かる人には分かるという書き方であることを理解し、解読を試みなければならない。

「真名縁起」上巻が描き出した家康は、そうした読み方を必要としている。

以下、いくつか例を挙げながら分析していこう。

家康と仏教

まず、酒宴の翌日、家康が仏教の教えに目覚めたことを家中に示す場面である。

殿中において、昨日の宴会のことを語り合うことがありましたが、家康様は、景色の美しさや遊びの楽しさを口々に申す人々に同調せず、次のように仰せられました。

「各々が見る花は、心を揺り動かす煩悩《ぼんのう》のもとである。欲望に執着する者は、桃やスモモの花を春風が揺らすのを見ても、蘭や菊の花に秋の露が宿るのを見ても、悪業を作り出すというではないか。明らかな悪徳だけでなく、心がけ次第でどのようにも煩悩は生じるのだ」。

すでに家康は、宗教者のような境地を語り出している。しかし予備知識があれば、それにとどまらないことが分かる。実は家康の言葉は、源信《げんしん》（九四二〜一〇一七）の撰述と伝えられる『観心略要集《かんじんりゃくようしゅう》』からの引用である（傍線部分）。恵心僧都《えしんそうず》の名で知られる天台宗の高僧は、平安時代を代表する学識者であり、著書『往生要集《おうじょうようしゅう》』の名声は国内にとどまらず中国にまで伝わったという。『源氏物語』に登場する「横川《よかわ》の僧都」のモデルともいわれ、同時代の人々の崇敬を一身に集めた高僧に、家康は自らをなぞらえている。そのような記述であることを読み取らなければならない。

仏教への信仰を明らかにした家康であるが、極楽往生を願う教えとは一線を画して造型されていることが注目される。すでに記したように、実際の家康は先祖代々浄土宗の信者であり、念仏を唱え〈あの世〉で救われる仏教に帰依していた。しかし、ここで家康は、死後の成仏だけを願うことはない。むしろ現世利益《げんぜりやく》を願う、天台宗的な信仰者として造型

恵心院（叡山横川）　恵心僧都源信の旧跡

されているのである。以下の引用は、家康の独白として示されている言葉である。

業（カルマ）については考えたこともある。ある僧が、受戒者に示される「流転三界中、恩愛不能断、棄恩入無為、真実報恩也」の文について、「この文は信用されていない」といったことを、別の僧が批判し「一を知って二を知らない者は、何も知らない者に劣る。この世の法だけを知り、あの世を含めた法を知らない者は、儒教の犬とでも称すべきである」と語ったという。私が思うに、まず悟りを得たなら、この世で恩に報い徳に応えるのも自在であるようなものだろう。

「流転三界中」以下の一文は、「この世の道徳にとらわれていては煩悩を断つことは難しい、煩悩を離れるため（親子の情などを捨て）出家し、そこで修行に励み悟りを得ることで、却って本当の報恩が可能になる」といった内容である。家康は、疑念をあらわした「無知の僧」を批判する立場に同調し、悟りを得ることが「自在」の力をもたらすと説き、さらに「大士善権はそれ唐棣《とうてい》の蕚《はな》か」と続ける。

「唐棣の蕚《（華）》」とは、中国古代の聖典『詩経《しきょう》』を踏まえて、孔子の言行録『論語《ろんご》』「子《し》罕《かん》」の末尾に登場し、思いつめれば、必ず成し遂げられるという意味で使われる。『論語』では、それは儒教の道について語られたが、日本に伝わり、虎関師錬《こかんしれん》（一二七八～一三四六）の著書『元亨釈書《げんこうしゃくしょ》』で仏教の求道に転用された。天海は、『元亨釈書』を直接の典拠として記述している。すなわち、「菩薩の善いはかりごとは、必ず成し遂げるという強い意志のあらわれである」という意味になる。

ここでは家康は、仏教による悟りを死後の極楽往生でなく、現世での繁栄につながるものとして捉えている。また仏教を、現世でも死後でも有効な教えとして、現世の教えである儒教を超えたものと見なしている。儒教経典に由来する語を用いながら、仏教風に解釈し直して、家康の悟りを示しているのである。

死後の救いと、現世での救い。二つの仏教を知った家康は、仏教のさまざまな宗派の中で、もっとも自らに必要な教えを求め、諸宗の碩学《せきがく》を招請し論義を行わせた（既述のように、これは天海のフィクションではなく、家康晩年に実際に行われた）。その中で、家康が出会ったのが、天台宗の神道であったという。

家康と天台神道

比叡山延暦寺の僧たちが申し上げた。「城に四つの入り口があっても、中に入れば同じ場所に至るように、仏教のさまざまな教えも最後は共通の悟りに至るのです。それが天台宗の神道です」。

家康様が尋ねられた。「それはどのような教えですか」。

答えて言うには、「そもそも叡山は国家を守る霊場です。『四明安全義《しめいあんぜんぎ》』という本には、桓武天皇は霊山《りようぜん》の聴衆であり、その場には伝教《でんぎよう》大師も同席していた、両者は日本を救うという約束をかわし、片方は天皇に生まれ変わり政治を担当し、他方は僧侶と生まれ変わり仏教を担当する、と書かれています」。

家康様がさらに尋ねるには、「彼らは、どうしてその時代を選んで出現したのですか」。僧たちは答えた。「宝誌《ほうし》和尚という方が残された予言書に、百代目の時に王の子孫が絶えて猿や犬のような者たちが自らを英雄と称す、と書かれています。ところで、百代目の王というのは、常識的には後円融《ごえんゆう》天皇の時代と考えられていますが、実は光仁《こうにん》天皇の時代に相当するのです。桓武天皇と伝教大師は、危機的なその時期を選んで、日本に出現したのです」。

叡山の僧たちは天台神道の由緒を、桓武天皇（七三七〜八〇六）と伝教大師（＝最澄）の前世から語り出す。両者は、ブッダがインドの霊鷲山《りょうじゅせん》（＝霊山）で『法華経』の説法を行った時、その場で教えを聞いた仏弟子であったとされる。両者は、慈悲を人々に施すという『法華経』の教えを実現するため生まれ変わり、日本の地で片方は政治、片方は宗教の力によって、助け合って活動することを申し合わせたと記された。そして、危機が予言された光仁天皇（七〇九〜七八二）の時代、桓武天皇と最澄として出現し活動したというのである。なお、この部分も、中世に成立した神道文献（『山家要略記《さんげようりゃっき》』や『延暦寺護国縁起』など）を踏まえている。

最澄と桓武の前生譚に続き、さらに中世神道文献に基づく神話が語られる。延暦四年（七八五）七月十七日、最澄が比叡山に登った際に山王神と出会った様子について、次のように記されている（傍線は著者による）。

東から峰を越え岩場に至ったところ、一人の権化の人が現れた。身の丈一丈（約三メ

日吉神社（滋賀県大津市）　大宮本殿

ートル）ほどで、頭に光を背負っている。その人は最澄に向かい、「ここは、前世の善因により煩悩を断ち切った者だけが来るところである」と責めた。それに対し最澄は、「自分は昔、霊鷲山でブッダの説法を聴聞した者で、悟りの世界から現実の世に降りて布教を志すのです」と答え、逆に「あなたは、いかなる仏神の化身ですか」と問い返した。神は答えて、「私は山王権現だ。日本の神で、陰となり陽となり一定せず、おのずから存在する。心は自在で、この世に教えを広めている。仏の道を究め、国を守る強い心をもつ」と言った。

初めて出会った山王神は、自分の属性をいくつか挙げる。ここでも、傍線部（原文は「陰陽不測、造化無為」、『易経《えききょう》』「繋辞上《けいじじょう》」などが典拠）のように、中国思想に由来し、日本の中世神道文献に頻出する表現が見られる。またとくに、仏教と国家の守護神であることは、中世以来の正統的国家仏教の立場の表明であるとともに、家康が求めた仏教でもあったと思われる。

続く記述の中で、みずからの本体を問われた山王神は、「この世界はすべて自分の所有であり、その中に住むものたちは皆私の子である」と答えた。本体を聞かれているのに、それには答えず、自分と世界の関係を説明している。一見はぐらかしているように見えるかもしれない。だが実は、この言葉はすべて『法華経』の引用で、もともとは釈迦如来の発言として記されている（原文は「今此三界皆是我有、其中衆生悉是吾子」）。そうであるなら、私の本体は釈迦である、という意味になる。これも、中世天台神道の伝統神学（本地釈迦如来の垂迹神が山王権現）の立場を示すとともに、山王が他の神と異なる最高神であることの指摘となっている。

中世の天台教団では、比叡山の鎮守である日吉神社の神を、天台教学の立場から「山王」と呼称した（菅原　一九九二など）。家康は、最高の仏教、最高の神を求める中で、山王神に到達したとされるのである。

治国利民法

話はいよいよ、山王権現の教えに移っていく。その重点となったのが、治国利民法の概念であった。

家康様がお尋ねになった。「天照大神は伝教大師最澄から治国利民法なるものを授けられたと聞きますが、それは、どのような教えでしょうか」。

僧たちが答える。「神慮を思えば、軽々しく口にするのは恐れ多いことですが、今は特別に概要を申し上げます。『法華経』に『常在霊鷲山、及余諸住所、衆生見劫尽、大火所焼時、我此土安穏、天人常充満』という文章があります。このうちの二句を省略したものを御伝授されました。深い意味は分かりませんが、伝教大師の俗諦常住の教えを伝えていくため示されたものです。『法華経』の文章によれば、この世のすがたは苦しみに満ちているようでいて、そうではないといいます。どうしてかというなら、この世を離れて別に悟りの世界を求めることはできないからです。それについては多種多様の相伝が残されています。聖と俗は一貫しているのですから、王法も神道も呼称の違いにすぎないのです。先徳の申されたことで、私が勝手に申しているのではありません。恐れながら、『法華経』の『私は常にこの世界にあって説法・教化している』という釈迦の言葉を悟ったならば、山王権現と王法の相承とは一致するといえます」。

「治国利民法」とは、いかなるものか。僧たちの答えによると、「常在霊鷲山」以下の六句から、二句を省略した四句を指すという。

「常在霊鷲山」云々とは、『法華経』の如来寿量品《にょらいじゅりょうほん》に出てくるブッダの言葉である。大意は、「人々が苦しみに満ちる時も、自分は常に霊鷲山にいて、仏弟子を前に説法している」というもので、間を置いて引用されている「私は常にこの世界に」云々と同様に、ブッダ（仏教）の永遠性を説いている文章である。そこから二句を省略したものが「治国利民法」であるというのだが、この記述だけでは、どの二句を除くのか、そもそも治国利民法とは何か、理解不能であろう。前述のように、これは典拠を確認することで、はじめて理解できる記述なのである。

「治国利民法」とは、中世の天台宗で作り出された概念である。古代インドでは、四つの大海の清浄な水を頭に注ぐことで、国王は世界の支配者となる力を得ると考えられていた。その思想が仏教に取り入れられ、高僧から象徴的な形態で秘法を授けられることにより、国王ははじめて支配者の資格を得るという観念が生じた。日本中世社会に受容される中で、授けられる法は短い経典の語句を用いると観念され、「即位法」「治国利民法」などと呼ばれた。そうした言説がとくに中世寺院社会に広がりを見せていたことについて、伊藤正義氏を画期として、日本文学研究者の間で先行研究が進められた。上川通夫氏以降に歴史上の実態解明も進み、初期の事例紹介段階を脱しつつある（上川　一九九一など）。その中で、真言系と天台系の違いや、天台系にもいくつかのバリエーションがあったこと、『法華経』の語句を用いる例が比較的多いこと、などが明らかにされた。天海説が、どのタイプに属す相伝かについては、次の記述が参考になる。

正統な後継者以外には伝えられることのない、当流の秘密の口伝《くでん》である「塔中相伝の一偈《いちげ》」があります。その内容は、『法華経』寿量品の「常在霊鷲山、及余諸住所、衆生見劫尽、大火所焼時、我此土安穏、天人常充満」の一文です。慈覚《じかく》大師の『続入唐記』にも見ることができます。また、中間の「衆生見劫尽、大火所焼時」を省略するという言い伝えがあります。その偈を、最澄が天照大神に伝えたともいわれています。

（『等海《とうかい》口伝抄』第十二）

貞和五年（一三四九）に完成した文献には、『東照社縁起』に直結する治国利民法の概要が示されていた。『法華経』寿量品の記述に基づき、中間の二句を除いた四句「常在霊鷲山、及余諸住所、我此土安穏、天人常充満」がそれにあたること、さらに最澄からアマテラスに伝えられたことまでもが記されている。本書の著者である等海（生没年未詳）と天海の関係について、法系の概要を示すなら図のようになる。

　ここから天海は、中世天台宗の概念を伝承して山王権現の教えを位置づけていたことが推測できる。

関係法系図

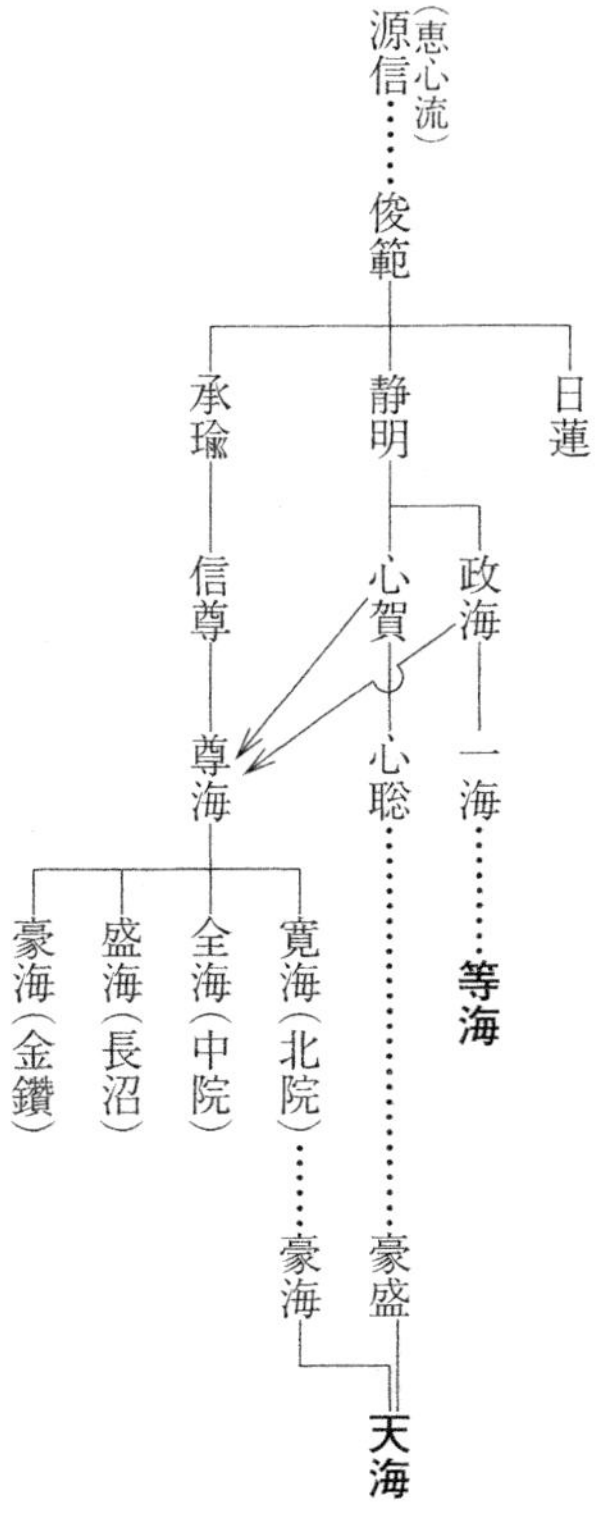

中世天台宗の中で、治国利民という〈王〉の行為は、何より仏教の力を必要としていると主張された。そうであるなら、最澄がアマテラスに治国利民法を伝えたという『東照社縁起』の記述（前掲）は、重要な意味をもつだろう。

治国と天皇・将軍

天皇が日本を支配する正統性は、しばしば日本神話に淵源するといわれる。曾孫ニニギノミコトが降臨する際に、その子孫の日本支配が「天壌《てんじょう》とともに窮《きわま》り無《な》く」続くことをアマテラスが誓ったというのが、記紀神話のもっとも重要な主題の一つである。天皇家が地上の正統な支配者である理由を、神孫であることに求めたのである。しかし中世の宗教世界では、神孫である正統性を相対化する動きが見られ、儒教的な徳治《とくち》主義（天皇は天命をうけ徳のある政治をしてこそ正統な支配者となり得る）、仏教的な転輪聖王観《てんりんじょうおうかん》（過去の善因により天皇に生まれ変わった）などが広がりを見せた。利国利民法の概念は、仏教の力によって支配の正統性を得るという主張を内包している。その概念は、天皇であれば即自的に権威を与える記紀神話的発想とは、別の方向性を持っていた。

『東照社縁起』は、そうした中世思想の伝統に立つ。その端的な現れが、アマテラスは最澄から秘伝を受けたという記述である。皇祖神、ひいては天皇の支配の正統性は、神孫であることよりも、仏教の重要な法を相伝していることに求められたのである。

治国利民法の内容は、本覚思想的方向性を持ち、悟りの世界と煩悩の世界を一元的に把握し救済することが説かれている。さらにそうした観点から、①王法と神道は名称の違いにすぎない、②山王権現と王法相承は一致する、などと書かれていた。王法、すなわち〈王〉としての支配とその継続が、山王権現の神道と一致するというのだが、今までの基礎知識をもとに考えるなら、その意図を把握することは難しくない。日本を支配する正統性は、神の子孫であることではなく、山王権現の神道、すなわち天台仏教の力にあるということになる。また、山王権現の教えの特色は聖界と俗界の一元的把握にあるのだから、宗教的な徳を持つ者が、政治支配を行うべきという理屈になる。

家康神格化の論理によれば、家康の子孫や天皇家には、協力して治国の実現をはかることが求められていくだろう。ちょうど最澄と桓武天皇が、仏教の精神に基づき協力して救済を実現したと記されたように。

『東照社縁起』の広がり

「真名縁起」の追加

述べてきたように、『東照社縁起』は第二次の撰述が行われ、すでに成立していた漢文体の一巻を「上巻」とし、追加作成された二巻を「中巻」「下巻」とした。その内容は次のようである（通し番号は上巻から続く）。

⑨　死後日光に移せという家康の遺命に関し、玄奘や勝道《しょうどう》をひきあいに神橋《しんきょう》の由緒を説く。

⑩　日光が空海・円仁のころよりの聖地であることを説く。

⑪　東照権現をめぐる諸仏等について、日光や久能との因縁が語られる。

⑫　日本は神国であり、祭祀により治国が得られることが説かれ、二十一回忌の造営の

日光の神橋

様子が記される。

⑬ 遠く朝鮮から参詣の使者が訪れたとして、その祝いの詩を記す。

⑭ 主客の問答の形式で、神力の不可思議を説く。(ここまで中巻)

⑮ 家光の信仰により江戸城二の丸に東照宮を勧請することを記し、天海の「敬白《きょうびゃく》」を載せる。

⑯ 鳥居《とりい》・鐘楼《しょうろう》・鼓楼《ころう》・法蔵《ほうぞう》・楼《ろう》門《もん》などの功徳《くどく》が説かれる。

⑰ 本地堂の薬師如来について、尊さを説く。

⑱ 奥院を賛嘆し、問答形式で楼閣の美麗さによる功徳などを記す。

⑲ 法華曼供《ほっけまんく》に関し、天台宗の『法

華経』重視の立場を示す。
⑳　論義に関し、天台宗の現実肯定の教義（俗諦常住《ぞくたいじょうじゅう》）を示す。

「真名縁起」中・下巻の内容は、上巻と重ならない。中巻の記述の重点は、聖地日光の由緒と、寛永年間時点での日光の繁栄である。次に下巻は、日光の堂舎と、そこで開催された諸行事を讃嘆し、あわせて三代将軍家光の徳をたたえる。生前の家康に重点をおいた「真名縁起」上巻の記述に比べ、家康の死後、後をまかされた将軍と幕府に、記述の中心が移っていることを確認できる。

もう一点注目しておきたいのは、神々の関係づけである。「真名縁起」上巻では、専ら山王神道（山王権現）の権威が強調された。中・下巻ではそれを踏まえ、東照権現の位置づけが明示されている。すなわち、「東照権現、本地薬師如来」（中巻⑫）、「東照大権現、同体異名山王・日光」（下巻⑮）と語られ、薬師如来の垂迹神、山王権現と同格の神として東照権現が位置づけられている（山王権現は釈迦如来の垂迹神とされていた）。上巻の治国利民法をめぐる記述に加え、このことからも、〈山王権現＝東照権現＝日光権現〉のグループと、皇祖神天照の懸隔が明示されているといえるだろう。山王権現と天照大神は、すでに上巻で神格の上下（仏との一体性の強弱）が認められた。中・下巻でもその関係を変更する記述は見られず、その中に新たに東照権現が加わっていることが確認できるのである。

なお下巻⑲には、「山王大権現、天照皇太神宮の例に任せ、奥院において御授戒ならびに戒灌頂あり」の記述が見え、僧侶から戒を授けられる山王・天照という形で、両者の上位に仏教が存在すること、仏教のもとに神々の位置づけられていることが示されている。

真名本において、先に作成された上巻と、後から作成された中・下巻は相互補完の関係にある。全体として、初代家康に始まり三代家光に至る軌跡を顕彰する効果をあげている。その中で第二次撰述の中・下巻では、徳川体制を支える〈山王権現―東照権現〉と天照大神の神威について、東照権現を上位におく立場から整理されたといえるだろう。

「仮名縁起」の作成

一方、「仮名縁起」全五巻も作成された。同書には「筆者目録」が添えられており、各々の絵（狩野探幽画）と筆者が一覧できるので、「仮名縁起」の概要は挿入画を基準として示すことが可能である（神崎　一九九四）。ここでは概略を記すとともに、「真名縁起」①～⑳の内容が該当する箇所も表示する（囲み字は「筆者目録」に見える絵の主題）。

立願　日本が神国であることの主張から語り出す。家康の父（松平広忠《ひろただ》）と母（於大《おだい》の

方）が、男子誕生を三河国鳳来寺《ほうらいじ》に祈願する。↑（⑫の一部）

霊夢　於大が、霊夢により懐妊。↑（該当なし）

御誕生　家康誕生とその祝いの儀式。↑（該当なし）

因地　家康十歳の時、川原で子供たちが石合戦で遊ぶのを見て、総力をあげて戦う少人数側の勝利を予言する。↑（該当なし）

小牧陣　天正十二年（一五八四）の小牧長久手合戦を経て、家康は豊臣秀吉と和睦する。↑（該当なし）

関ヶ原　慶長五年（一六〇〇）の関ヶ原合戦で、家康を中心とする東軍が勝利し、秀吉の死後の政権は家康が把握する。↑（該当なし）

参内　慶長八年二月、家康は征夷大将軍に任ぜられ、翌月参内して謝意を示す。↑（該当なし）

駿河花見　駿府城郊外の志豆機山での花見をきっかけに、家康は仏教に帰依する。↑①②

大坂陣　慶長二十年、家康みずから出馬し豊臣秀頼を討伐する。↑（該当なし）

相国宣下　元和二年（一六一六）正月、病に臥した家康に対し、朝廷から太政大臣の宣《せん》

下《げ》が伝えられる。↑（該当なし）

他界　家康は、死後の祭祀について遺言を残し、同年四月十七日に逝去する。↑（該当なし）

久能山　遺言に従い、家康の遺骸を久能山に仮葬。天海が法要を指導する。↑（⑪の一部）

日光道行　一年後、藤原鎌足の例にならい、家康の遺骸を日光に移す。↑（該当なし）

勧請　二代将軍秀忠の指令により、日光山に東照社を建立する。↑（該当なし）

山菅橋　日光の山菅橋の由緒を、勝道と玄奘の二人の霊験譚から説く。↑⑨

勝道　日本の勝道（七三五～八一七）が日光山を開いた故事を述べる。↑⑨

玄奘　唐僧の玄奘（六〇二～六六四）が、天竺求法《てんじくぐほう》の旅で深沙大王《じんじやだいおう》に助けられた故事を述べる。↑⑨

鶴　寛永十四年（一六三七）初夏、三代将軍家光が江戸城二の丸東照社を改築したところ、鶴二羽が降り立ったという吉祥譚を、中国の故事とあわせて記す。↑⑮

祭礼　寛永十三年に日光東照社の大造替が完成し、四月十七日に家康二十一回忌が行われ、家光も参加した。↑（該当なし）

法事　同年四月十八日に御経供養、翌十九日に薬師堂供養（法華曼荼羅供）が行われた。
↑（該当なし）

朝鮮人　家康二十一回忌にあわせて朝鮮通信使が日光に参詣し、漢詩を作成する。↑⑬

奥院　家康の遺骸を祀る奥院に多宝塔を建立する。↑あえて言えば⑲

中禅寺　日光山麓に延暦三年（七八四）勝道が建立した中禅寺の由来を説く。↑（該当なし）

華厳滝　奥日光の華厳滝と、そこに化現するという不動明王の利益を説く。↑（該当なし）

跋　徳川家の出自から家康の信仰、家光に至る繁栄を漢文体で記す（絵は無し）。↑②③④など一部該当

こうして一覧すると、「仮名縁起」の独自性が目立つ。時間軸に沿って家康一代および家康死後の事跡が並べられ、その大半が「真名縁起」に見られない記述である。「真名縁起」上巻に見られた仏教教学的内容は大きく減らされた一方、中・下巻に盛り込まれた日光の由緒などは一定程度共有されている。結果として、むしろ「弁海縁起」に近い傾向が見てとれる。

一般的な社寺縁起は、神社や祭神の由来譚を基本とする。「仮名縁起」は「真名縁起」に比べ、通常の社寺縁起に近い内容と言えるだろう。

追加作成の理由

家康二十一回忌の際に、それなりにまとまった内容を持つ「真名縁起」上巻が作成されたにもかかわらず、家康二十五回忌にあわせ、「真名縁起」中・下巻と「仮名縁起」全五巻が追加作成されたのは何故かについて、今までいくつかの説が出されている。

早い時期に唱えられたのは、主に文章表現の問題を指摘するものであった。「真名縁起」上巻については、成立当時から公家衆より難点が指摘されていた。家康や秀忠を指す表記の妥当性をめぐり、あるいは縁起は仮名文で記すべきとの意見をめぐり、少なからぬ議論が存在した。こうした点から、「天海撰述の漢文縁起の難渋……家光が、いま一度、仮名まじりの縁起の制作を発起したのではなかったか」という解釈が提出された（神崎一九九四）。

近年になって、単に表現の問題にとどめず、政治的状況と関わらせて検討する説が出されている。野村玄氏は、第二次撰述書の記述の中に、天照大神が「露出」すること（「仮名縁起」巻四「祭礼」）、家光を中心に「親戚」から「異国」までが親しむとされること

（同巻五「跋」）に注目し、対外的危機のもとで国内公武勢力を将軍家継承者（家光）のもとに団結させるため、家康以後を対象とする第二次撰述書の追加作成が必要であったと説いている（野村　二〇〇六）。また山澤学氏は、第二次撰述書に〈徳川＝皇胤《こういん》〉の記述があらわれること（「仮名縁起」巻五「跋」）、東照社を宗廟《そうびょう》に擬していること（同巻四「祭礼」）に注目し、国内的正統権威確立のために、家康死後を対象とする第二次撰述書の追加作成が必要であったと説いている（山澤　二〇〇六）。対外的契機に重点を置くか、国内的契機を重視するかの違いはあるが、新たな（近世的な）秩序の編成という状況と関わらせ論じている点に新しさがある。また、両者の論を敷衍《ふえん》するなら、「真名縁起」と「仮名縁起」の方向性の違い（天照の扱いや皇胤の主張など）からは、対象の相違（僧侶向きか俗人向きか）という検討課題が提起されるであろう。

こうした議論に付け加え、私がとくに指摘したいのは神学の形成である。すでに述べたように、第二次撰述書は家康の死後を扱うことから、山王神道の立場から新たな神〈東照権現〉を位置づける課題が残されていた。第二次撰述の作成は、こうしたいくつもの課題を解決する意味があった。総合すると、新たな（家光段階以降の）神国概念の創造ということであろうか。

書写本の作成

寛永十七年に全八巻が完結し、日光東照宮に奉納された『東照社縁起』は、その後各地で何人もの人々が書写し、写本が作成されていった。『東照社縁起』の写本は、管見の限り四十点近くが確認されている。半数以上が「仮名縁起」である。単に本文や挿絵を書写しただけの本もあるが、書写の様子などについて手掛かりとなりそうな巻末の書き入れ（奥書）を持つ本もある。たとえば次のような記事が見られる。

御本云日光山御宝蔵本を写し真名仮名二冊奉納す
東叡山勧学校伴頭得乗房貫充《かんじゆう》
天明八戊申年四月
右学校蔵本を写し訖《おわ》りぬ
嘉永五壬子年四月
（表20番・天王寺福田蔵本）

寛永寺の役僧であった貫充が、天明八年（一七八八）に日光の原本を写し、寛永寺の勧学校に納めたらしい。それをさらに、何者かが嘉永五年（一八五二）に写したということである。原本（日光東照宮本）から寛永寺の上層部に伝来した、由緒正しい例である。

元禄十六年四月十七日、拝借し奉り青蓮院宮御蔵本尊純親王御草本なり敬いて書写し訖りぬ

法量	成立年	所蔵者	請求記号	備考
—	1640	日光東照宮	—	
27.0×18.6		弘前市立図書館	岩見文庫W175-9	
29.8×21.0		弘前市立図書館	岩見文庫W175-13	
—	—	弘前東照宮		『弘前東照宮小史』による
29.3×20.1		東北大学附属図書館	狩野文庫2-1170-1	
27.0×18.6	1817	三春町立歴史民俗資料館	竹ハナ-254	
30.0×20.7	1815	茨城大学附属図書館	菅文庫73-7762	
27.5×19.7		筑波大学附属図書館	175.932-To72	筑波大学附属図書館 Tulips
—	1625以降	仙波東照宮	—	1638年焼失？※
—	1665	日光山大楽院	—	1812年焼失※
—	1643以降,1679奉納	日光山輪王寺	—	当初は寛永寺奉納を予定,現存せず※
—	1815	日光山輪王寺	—	※
27.0×19.5	1904	東京大学史料編纂所	2012-290	
27.0×19.5	1904	東京大学史料編纂所	2012-291	
26.0×19.0		東京大学附属図書館	C20-378	旧南葵文庫本
24.5×16.8		国学院大学図書館	0918-ku74-346	黒川真頼旧蔵書
26.7×18.6		国学院大学図書館	0918-ku74-347	黒川真頼旧蔵書
27.8×19.8		早稲田大学中央図書館	教林文庫7-50	
32.5×		宮内庁書陵部	500-83	
27.0×18.9	1852	天王寺	福田蔵律10	
26.7×20.0		西尾市立図書館	岩瀬文庫97-31	

表3　『東照社縁起』現存写本一覧稿

	標題(原則内題)	その他書名	内容	形態等
1	東照社縁起(外題)	東照大権現縁起(仮名本巻頭)	全8巻	巻子8
2	東照大権現縁起	—	仮名5巻	冊子
3	東照大権現縁起	東照大権現仮名縁起(書外題)	仮名5巻(後欠)	冊子
4	〔東照大権現真名縁起　仮名縁起〕	—	真名／仮名	巻子
5	東照宮大権現縁起	東照宮縁起(巻頭)	仮名5巻	冊子
6	東照宮御縁起(題簽)	—	仮名5巻	冊子
7	東照大権現縁起	日光山東照宮縁起(書外題)・徳川縁起(裏表紙書入)	仮名5巻	冊子
8	東照大権現縁起	—	仮名5巻カ	冊子
9	〔東照宮縁起絵巻〕	—	仮名5巻？	
10	〔東照宮縁起絵巻〕	—		
11	〔東照宮縁起絵巻〕	—		
12	〔東照宮縁起絵巻〕	—		
13	東照宮真字縁起	東照宮縁起(扉)	真名3巻	冊子
14	東照宮仮字縁起	東照大権現縁起(巻頭)・東照宮縁起(扉)	仮名5巻	冊子
15	東照宮縁起	日光御宮御縁起(題簽)	仮名5巻	冊子
16	東照大権現縁起	東照大権現縁起	仮名5巻(後欠)	冊子
17	日光山東照大権現御縁起	日光山御宮御縁起(扉・題簽)	仮名5巻	冊子
18	東照宮縁起	—	仮名5巻(後欠)	冊子
19	東照宮縁起(見返し)	—	仮名5巻の抄出	巻子3
20	東照大権現縁起	東照大権現仮名縁起(巻3・5冒頭)	全8巻その他	冊子2
21	東照大権現縁起	御縁起(扉)・日光御縁起(題簽)	仮名5巻	冊子

24.0×17.0		蓬左文庫	79-36	
27.9×20.1		蓬左文庫	129-40	
40.2×	1794	名古屋東照宮	—	※
24.0×17.7		叡山文庫	双厳院3792-7615	
28.5×19.0	1734	叡山文庫	別当代241-1655	
27.3×19.4		叡山文庫	池田1978-3656	
29.4 ×2503.9		叡山文庫	真如253-1934	
27.4×19.5		叡山文庫	無動寺1235-1781	
15.8×22.5		叡山文庫	薬樹院240-1187	
29.3×20.3	1729	叡山文庫	毘沙門堂334-1891	
26.8×19.2	1852ヵ	四天王寺国際仏教大学	恩頼堂文庫735	
33.0 ×283.8		四天王寺国際仏教大学	恩頼堂文庫144	
36.0 ×838.7	1646頃	和歌山東照宮		和歌山県立博物館寄託
	1648奉納	岡山東照宮		東京国立博物館寄託
	1865写	大雲院	—	
28.0×20.1		島原図書館	松平文庫5-14	

2，2005年)を参照.

22	東照大権現縁起	—	仮名５巻	冊子
23	東照大権現縁起	—	仮名５巻	冊子
24	〔東照宮縁起絵巻〕	東照宮御縁起(題簽)	仮名５巻	巻子
25	東照大権現縁起	東照宮御縁起(書外題)	真名上巻	冊子
26	東照権現縁起(書外題)	—	真名上巻	冊子
27	東照権現縁起(書外題)	—	真名上巻	冊子
28	東照宮真名縁起(書外題)	—	真名３巻	巻子３
29	東照宮御縁起	東照宮御縁起抜書(題簽)	仮名３・５の抄出	冊子
30	東照大権現縁起	東照宮縁起(題簽)	仮名５巻	冊子
31	東照宮縁起	東照宮縁起(書外題)	仮名５巻(後欠)	冊子
32	東照大権現御縁起	東照神君縁起(書外題)，神君縁起(扉題)	真名上巻その他	冊子
33	〔日光廟創立縁起〕	—	真名中巻の一部	巻子
34	〔東照宮縁起絵巻〕	—		
35	〔東照宮縁起絵巻〕	—		
36	東照大権現御縁起(巻頭題)	東照大権現御縁起(扉題)	真名上巻	冊子
37	東照宮御縁起	東照宮御縁起(題簽)	仮名５巻	冊子

※は鎌田純子「名古屋東照宮所蔵『東照宮縁起絵巻』の製作背景について」(『尾陽』

鶏頭院法印大僧都厳覚《ごんかく》
天忠《てんちゅう》

享保十三年二月初八、御本をもって校正す
享保十四年己酉歳林鐘上旬、出雲寺《いずもじ》においてこれを写す
（表31番・叡山文庫毘沙門堂本）

延暦寺（横川鶏頭院）の厳覚が、元禄十六年（一七〇三）四月十七日（家康の命日）に青蓮院尊純法親王《しょうれんいんそんじゅんほっしんのう》の草本（「仮名縁起」、青蓮院所蔵か）をもとに写した。尊純は「仮名縁起」作成にあたり、天海を助けたと伝えられることから、手許に草稿を残していたのであろうと推測される。享保十三年（一七二八）に天忠なる者が校正を行った。翌年出雲寺（＝毘沙門堂）において写された本であるという。これは、関西の天台寺院ネットワークにおいて伝えられた例である。

予、平安聖護大王学舎に在りし一日、寮中に東照宮縁起を記すを見ゆ、書に云ふ鹿谷典寿《てんじゅ》上人よりこれを得、予喜びて書写しもつて寺内鎮守の社に蔵し永年不朽を希《ねが》ふ
文化三龍舎丙寅冬十二月十有七
烏法印円照《えんしょう》謹識
文化十四丁巳年初夏初旬土湯に遊び、彼地において謹みて書写しもつて拵書となす
竹鼻鼻竹軒自毫　無為庵（花押）

（表6番・三春《みはる》町歴史民俗資料館本）

文化三年（一八〇六）に円照なる者が、京都の聖護院門跡のもとで学んでいる時、学寮で『東照社縁起』を見つけた。もとは鹿ケ谷の典寿上人の蔵本であったという。喜んだ円照はそれを写し、「寺内鎮守社」（土湯《つちゆ》なら興徳寺境内の太子堂か）に奉納した。十一年後の文化十四年に、鼻竹軒（三春藩主秋田氏一族の秋田季興か）が土湯温泉（現福島県）に遊んだ際に、それを書写した本であるという。これは、京都近辺で書写された本が、遠く東北地方に伝わった例である。

奥書や旧蔵などからは、天台宗寺院に伝来した例や、将軍家や徳川一族に伝来したと想定できる例が見られる。前者は「真名縁起」が多く、後者はすべて「仮名縁起」である。ここから一応、『東照社縁起』を閲覧・筆写できたのは、上級の武家や僧侶（寛永寺や延暦寺の直末《じきまつ》クラス）であり、「真名縁起」の主な対象は僧侶であるが、「仮名縁起」は大名など武家の利用を想定して作成されたと考えられる。ただし、近世後期にはそれ以下の階層にも広がりを見せたようである。

一方、刊本は、江戸幕府が政道批判を避けるため、家康や代々の将軍事跡に関する書物の出版を禁じたためか、近世を通じて見られない。有名な享保七年（一七二二）の「出版条目」には、第五条に「権現様の御儀はもちろん、すべて御当家の御事、板行・書本今より無用に仕るべく候」とあり、家康（権現様）の事跡を出版することが禁止されていた。また、明和八年（一七七二）の「禁書目録」には、売買が禁じられた本の中に『東照宮御縁起』が加わっている。それなりに書写で広まっていたことの反映かもしれないが、表だって出版できる状況でなかったことはたしかである。ちなみに「禁書目録」の中には、次章で触れる『東照宮御遺訓』『松平崇宗開運録』も入っている（今田　一九七七、同一九八一）。

諸本の異同は大きくないが、たとえば「真名縁起」上巻の本文中の記述に、写本によって多少の違いが存在する。いくつか例を挙げると（順番に②②③の部分から）、

端座□実相（端座して実相をおもへ）　□に入るのは「思」か「念」か

衆罪如□露（もろもろの罪はソウ露のごとし）　□に入るのは「草」か「霜」か

但本□因地（ただもと因地にて?ありて?）　□に「在」の字が有るか無いか

というように、仔細に見ていくなら相違のあることが分かる。原本（日光東照宮所蔵本）に対し多少の親疎はあるようだが、どこまで系統分けが可能か、そこに何らかの意味を読み取ることができるかについては、なお調査中である。

『東照社縁起』を閲覧できた者が限られていたことから、その受容相の調査も対象が限定されてくる。ここでは天台宗の僧侶の間で、同書がどのように受け止められていたかを見ていきたい。

天台僧の受容

まず取り上げたいのは〈家康／天海〉を、〈桓武／最澄〉の再誕と見なす主張の登場である。すでに記したように、『東照社縁起』には桓武天皇と最澄が協力して治国を実現するという記述があった。それに対し、天海存命中の寛永十八年（一六四一）に天台僧の快《かい》倫《りん》（書写山松寿院）の記した文章には、次の記述が見られる。

日吉山王権現が人々を救済するため、東照権現として再び現れました。それにあわせて、天台宗の祖師である最澄も、末世の人々を救うため天海大僧正の姿となられたのです。（叡山文庫本『東照宮竪義表白』）

また、天海没後に弟子の諶泰《じんたい》が著した『武州東叡開山慈眼大師伝』には、元和五年（一六一九）春に天海の見た夢が次のように記されていた。

夢に清らかな世界に入り、容姿端麗で荘厳な雰囲気の人に拝謁《はいえつ》しましたところ、その方が「最澄上人の逝去後、あなたの出現するのを数百年もの間待ち望んでおりました」と申されます。そこで「あなた様はどなたでしょうか」とお伺いしたところ、

「桓武天皇です」と答えられました。目が覚めて後、桓武天皇廟に参詣し、その左右に後陽成院《ごようぜい》と東照権現の塔を建てることといたしました。

〈家康／天海〉を、〈桓武／最澄〉になぞらえるなら、将軍家は新たな天皇家ということになる。そして実際、天台僧の間にそうした意識が存在したことは、次の一文に明瞭に示されている。

東照大権現が日光に鎮座される様子は、高天原に皇祖神天照が鎮座されていたのに相当します。今、将軍家光公が江戸城に君臨されているのは、皇孫尊ニニギノミコトが度会宮《わたらいぐう》に降臨するようなものです。それを言い換えるなら、東照権現家康様が天下を孫の家光公に譲られたのは、天照大神が日本をニニギノミコトに委任された故事と全く一致すると言えるでしょう。

（『東照宮講式』）

『東照宮講式』（作者未詳）のいくつかの写本の中でも、宮内庁書陵部所蔵の一書には、延宝三年（一六七五）に書写した際の書き入れがある。そうであるなら、寛永二十年（一六四三）の天海の死後三十年程度の間に、『東照社縁起』に見られた家康と天海の神聖化という方向性が、宗派内で一定の定着をみていたことになる。

乗因の主張

さらに、徳川将軍家の神聖化について決定的な展開をみせたものとして、乗因《じょういん》（一六八二〜一七三九）の言説を挙げられる。彼は、天海の曾孫弟子にあたり、天台宗の支配下にあった戸隠山《とがくしさん》の別当に赴任し、独自の活動を行ったことで知られている。

戸隠山（中社）

乗因は著書『転輪聖王章内伝《てんりんじょうおうしょうないでん》』（享保十九年成立）の中で、家康について「権現様は神武天皇以来の大聖人ぞ」と述べる。また著書『転輪聖王章』の中では、家康が住吉明神の託宣にならって発言したこととして「我に神体無し、慈悲をもって神体となす」以下を挙げる。加えて興味深いのは、同書に見える次の記述である。

権現様の姿は、束帯《そくたい》姿で南を向いて描かれます。あるいは甲冑《かっちゅう》を身につけ、左手に神璽《しんじ》を持って文を左にすることを表し、右手に宝剣を持って武を右にすることを示します。『道徳経』にも説かれたように、君子は左を尊み、用兵は右を尊みます。権現様が慶長二十年に制定された「武家諸法度」に「文を左にし武を右にする」とあるのは、これを踏まえています。権現様はこのように、古代の聖人の道徳によって天下を治められました。王者と呼ばずして何と呼びましょう。『易経』に「聖人は神道によって教えをたて、天下の人々はそれに従う」とありますが、まさにこのことと言えましょう。

乗因は、武家諸法度制定について、家康神による教えと見なした。単なる法令ではなく、神道の教えと見なしたのである。そこには、家康神を仲介させることで、徳川政権の政治が神聖なものと見なされる方向性が確認できる。

さらに、徳川将軍家と天皇家に関する独自の記述もある。別の資料（『修験一実霊宗神道密記』）から、少し長くなるが引用する。

日本は神国でありますから天地が開けて以来、天照大神の子孫でなければ国王の位に就くことはできない国柄です。藤原氏は、氏長者《うじのちょうじゃ》が摂政・関白・太政大臣にまで昇進できますが、王の位に就くことはできません。天皇家の子孫しか王位に就けないのが神国の掟なのです。しかし、もし天皇家の子孫であるなら、たとえ数代を経ていても王位に就くことは、神国の掟に反することではありません。たとえば第二十七代の継体《けいたい》天皇は、応神天皇の六代の子孫で、天皇十代を挟んでおりましたが、慈悲ぶかく素直な性格で国王となる徳を備えられていましたので、王位を継ぐことになり五十七歳で登位し、八十歳で逝去されて越前の足羽明神《あすはみょうじん》となられました。そうであるなら、東照権現様は清和天皇二十六代の子孫であり、紛《まぎ》れなく天照大神の子孫でありますから、国王の位に就き日本を治めることは全く正しいことです。天照大神が孫ニニギノミコトに与えられた、日本の王は自らの子孫に限るというお言葉にも適う行為です。そのことは『東照社縁起』の次の記述にも見えます（著者注…「仮名縁起」巻一「立願」）。「そもそも日本において国王の血筋が多く分かれた中でも、第五十六代清和天皇の子孫の源氏は武勇に優れ、君を守り国を治める力が並外れていた。ことさら徳川家の祖神として祭祀をささげる東照大権現の優れた徳は、言葉にも記録にも尽くしがたいほどである」。

中世に足利第三代将軍の義満公は、武勇に優れ奨学・淳和《じゅんな》両院別当・源氏長者・征夷大将軍・太政大臣・従一位・准三后・公方・贈法王と号されました。家康様の遺訓を記した書に、「位と禄とつりあった者を王という、天下を治める人のことである」と見えるので、義満公は清和源氏の子孫は登極《とうきょく》すべきという先蹤《せんしょう》ではなかったでしょうか。

ここで乗因は、徳川家康を日本国王と位置づける。その理由を、天皇家の子孫ということに置き、同様の例として継体天皇や足利義満を挙げる。そうであるなら、徳川家は新たな国王家と見なせるであろう。

天海の時点でも、家康を桓武天皇と対比することで、徳川家を神聖な家系と見なす方向性が生まれていた。天海の弟子たちの間で、それを支える神話の確立していった様子が、実際に確認できる。それがどの程度の広がりを見せたか、天海の構想との異同等は検討課題の段階であるが、そうした言説が生み出された事実はたしかに存在したのである。

東照宮信仰の展開

浄土系徳川神話の形成

家光の死去

話は少しさかのぼる。二代将軍秀忠の時代、徳川将軍家にとって重要な寺院は二つあった。一つは、家康を神格化した天海が住職を勤める寛永寺であり、もう一つは将軍家の菩提寺増上寺である。両者は、寛永寺が祈禱寺、増上寺が菩提寺という形で役割分担をしていた。現世のことは寛永寺に、来世のことは増上寺に任せるということである。それは家康自ら決めたことであり、実際、秀忠は死去に際し遺言し増上寺に葬られた。日光に葬られた初代家康は別格として、以後の将軍は増上寺で葬礼を担当するのが順当であった。

慶安四年（一六五一）四月二十日、三代将軍家光は逝去した。家光は遺言で、自らの遺

増上寺（本堂）

骸を日光に埋葬し、天台宗で葬礼を行うよう指示した。その結果、日光東照宮の近くに大《だい》猷院廟《ゆういんびょう》が建てられ、天台宗僧侶が祭祀を掌ることになった。浄土宗側は反発し、廓円《かくえん》（?～一六五一）という僧が家光遺骸の強奪を計画したとも伝えられる。

本来、徳川一族の死後を弔うのは、先祖代々浄土宗の役割のはずであった。しかし家光は、それを覆したのである。

家綱・綱吉の死去

四代将軍家綱の時は、さらに深刻な事態となった。延宝八年（一六八〇）五月八日の逝去にあたり、家綱は遺言で寛永寺に葬るよう指示した。寺社奉行を通じてそれを知らされた増上寺住職の詮雄《せんゆう》（一六〇七～八七）は、将軍の遺志であっても、家康が定めた掟（菩提寺は増上寺）を守るべきであると猛反発し、江戸のみならず関東の主要末寺を糾合して抗議した。遠く日光に埋葬された家光と異なり、同じ江戸市中の寛永寺に葬ることは、菩提寺としての増上寺の面子《メンツ》を逆撫でするに等しい。しかし結局、将軍家が宗旨替えしないこと、増上寺でも法事を行うこと等を条件に妥協することになった。いかにも中途半端な解決で、案の定、次も同様の事態が起こった。

宝永六年（一七〇九）一月十日、五代将軍綱吉《つなよし》の逝去にあたり、またもや寛永寺での葬礼を指示する遺言が残された。たび重なる公約違反に、増上寺の人々の怒りが爆発した。

増上寺へは使者として、寺社奉行本多忠晴《ほんだただはる》と大目付折井正辰《おりいまさたつ》が派遣されました。将軍綱吉の遺言が告げられると、住職門秀《もんしゅう》が返答する間もなく、列席した衆徒たちが口々に「先年は次は増上寺で葬礼をされると申されましたのに、このたびも寛永寺で葬礼となれば、菩提寺である増上寺は全く廃れてしまうでしょう」と抗議しました。本多が、「でしゃばりな坊主どもめ、住職の返答も待たず言い立てるとは怪しからん、さらに言い立てるなら打ち殺してくれよう」と怒鳴りちらしたので、住職も勢いに呑まれて、「いかようにも仰せのとおりに致します」と返答されました。

（『文露叢』巻六）

将軍家の菩提寺を増上寺に定めたのは家康である。理屈としては増上寺側が全く正しい。窮した寺社奉行が力ずくで押し切ったが、さすがに幕府も放置できず、次の六代将軍家宣《いえのぶ》の時に調整が図られたらしい。以後の将軍の墓は、両寺が同数になるよう調整された。結果だけ見るなら、家宣以降の将軍の葬礼は、寛永寺と増上寺の間で均衡を保つようになった。菩提寺の地位は、かろうじて保たれたといえよう（浦井　一九八三）。

さて前章では、天台宗僧侶の間で形成された徳川家神聖化の理論を追ってみた。ところで、おそらく述べてきたような事態を背景として、浄土宗の側でも徳川将軍家を宣揚する神話が形成されたようだ。次にいくつか、浄土系の〈徳川神話〉を紹介しよう。

井上主計頭覚書

実際はともかく、徳川家康の言行録と信じられて広く流布した書に『東照宮御遺訓』がある。現在私たちが知っているものは、儒教道徳の色彩が強い内容である。「天下は天下の天下なり」「天下の執柄《しっぺい》を天道より預けたまへり、政道もし邪路にへんずる時は天より執柄をたちまち取りあげ給ふぞ」など、為政者が天道にかなった道徳的行為を行うことが強く要請されている。

ところが近年の研究で、同書は大幅な改訂を経ていることが明らかになった。現在私たちが目にするものは、『養生訓《ようじょうくん》』などの著作で有名な貝原益軒（一六三〇～一七一四）によって天和年間に書き換えられたものである。改訂以前の原型は『井上主計頭《かずえのかみ》覚書』という書に残されており、仏教色が濃い内容であった（若尾　二〇〇一など）。『井上主計頭覚書』は、秀忠側近の井上正就《まさなり》（一五七七〜一六二八）が、使者として駿府城の家康に謁見《えっけん》し、そのとき家康の語った教訓等を書きとめた覚書の体裁をとる。そこに記された家康は敬虔な浄土宗信者であり、阿弥陀如来の力によって天下統一を成し遂げたとされる。たとえば家康と僧侶たちの会話が、次のように描かれている。

家康様が僧たちに対し、「阿弥陀如来はどこにいらっしゃるのですか」とお尋ねになったところ、僧たちが口を揃えて申し上げました。「今の世の中で阿弥陀如来といえば、家康様のことに他なりません。その理由は、自分の名を唱えるものを救うのが阿弥陀如来の願いであり誓いですが、今の世の中では万民が将軍様の名を唱えて信じることで救われているからです」。

阿弥陀如来の前身である法蔵菩薩は、自らの名を唱える者を救うという願をかけ、それが成就したことで仏となったとされる。家康は、その阿弥陀如来と同じ働きを示すというのである。阿弥陀如来を最高の存在とする点で、浄土系の思想に基づいていることが分かる。〈家康＝阿弥陀如来〉の論理は、貝原益軒の改訂によって消されてしまった、本書に特徴的な主張である。

暁誉覚書

暁誉源栄《ぎょうよげんえい》（?〜一六一八）は、源誉存応《げんよぞんのう》の高弟の一人である。存応は、江戸入り後の家康が師事し、増上寺を徳川家菩提寺にした僧であり、『暁誉覚書』は、源栄の見聞録として家康と、存応およびその高弟たちの言行を記録する体裁をとる。源栄自身も後に、彼が開山となった宗仲寺《そうちゅうじ》（現座間《ざま》市）に鷹狩中の家康が立ち寄った、自ら家康木像を刻み宗仲寺東照宮に奉納された等、家康側近の僧として伝承された（中野　二〇〇二）。

本書も「上様は仏菩薩の再誕にて」など、家康を仏と一体視する論調が見られる。また本書の主張の特徴として、直接的・即物的な仏教の利用が挙げられる。たとえば、大坂の陣を前に存応から家康に提案された言葉が、次のように記されている。

大坂の陣の合戦勝利の祈禱のため、各地に浄土宗の檀林寺院《だんりんじいん》（主要な末寺）を建立されます上は、派遣する僧たちにご指示頂き、反逆の志を持つ領主がおりましたなら直ちに上申させ、災いを早い段階で潰すようにいたしましょう。

存応から家康に提案された内容は、浄土宗僧侶を公儀のスパイとして活用することであった。家康の庇護に報いるため、各地に建立される浄土宗檀林寺院の住職たちに現地の様子を探らせ、定期的に報告させるというものである。さらに浄土宗の門跡については、逆に家康から、次の相談があったと記されている。

このたび上洛されたなら朝廷に申し入れ、新たに知恩院《ちおんいん》（京都の浄土宗の中心寺院）の門跡職《もんぜきしょく》を設け、現天皇の皇子を就任させ、部下となる僧俗をつけ、浄土宗の中心といたすよう進めていただきたい。その上で、将来もし天皇や朝廷が徳川家を見限り、別の大名に倒幕の綸旨《りんじ》を出すようなことがあれば、幕府側で知恩院門跡を天皇に即位させ、対抗すれば良い。

家康から存応に対し、浄土宗本山の知恩院に宮門跡を設け、いざ公武対立の際には武家側で天皇に擁立し、京都の天皇・朝廷に対抗することが諮《はか》られた。存応は、浄土宗のためにも天下万民のためにも良策であると答えたという。

知恩院に准門跡を設けたこと自体は史実であるが、その意図は浄土宗寺院の格式保持であって、朝廷との対抗策ではなかった。本書の記述はフィクションであるが、仏教が世俗権力にいかに奉仕し得るかについて論じることで、浄土宗教団が有益な存在であることを説く点に特徴がある。また、その立場から徳川家の擁護を図った内容といえよう。

同じく仏教による治国を主張しながらも、中世のものは仏教の聖性を前提としその加護をうける立場に立つのに対し（＝王法仏法相依論）、近世になると聖俗の別が崩壊し仏教側が世俗に奉仕する方向に重点を置くものが登場する（＝仏教治国論）。『暁誉覚書』は、成立事情未詳ながら、そうした近世的特徴を良く示すテキストであった。

松平崇宗開運録

こうした浄土系の徳川神話の決定版ともいうべきものが、『松平崇宗《まつだいらすうそう》開運録』である。本書の成立は、増上寺内部で伝承されていた家康一代記をもとに、顕誉祐天《けんよゆうてん》（一六三七〜一七一八）が松平氏時代の歴史を付加し、徳川将軍家の始祖神話に仕上げたものと考えられている。祐天は祈禱に優れ、とくに関東各地で憑《つ》き物《もの》落としを行い、名声を博し、現代の研究者からも「江戸のエクソシスト」と呼ばれている。ついには大奥の信仰を集めて増上寺住職にまで出世した一代の傑僧である（大桑二〇〇二）。

徳川家は、先祖代々浄土宗の信者であり、三河の領主だった時代から大樹寺（現岡崎市）を菩提寺としていたことは、すでに述べたとおりである。『松平崇宗開運録』では、菩提寺である大樹寺や増上寺の僧侶たちが松平家・徳川家を守護し、ついに家康の代に阿弥陀如来から天下支配を授与されるに至るというストーリーが展開されている。

たとえば桶狭間合戦の後、敗軍の将となった家康を迎え、大樹寺住職の登誉《とうよ》が語った言葉は次のようであったという。

家康様が愚僧の勧めに従い、念仏の教えを盛んにし人々を現世でも死後の世界でも助けたいという慈悲の心で戦うなら、仏・菩薩・諸天・善神が守護し、国家を悩ます悪人は死滅するでしょう。もしそうなれば、人々は浄土の教えを勤め、解脱する者たちも多くなるに違いありません。阿弥陀如来も喜び、天下を家康様に渡されることでしょう。

家康の力で人々が念仏に帰依し、次々に救われていくならば、家康は阿弥陀如来に代わって人々を救うことになる。そうなれば、阿弥陀如来は喜んで、家康に天下を任せるというのである。その後、関が原合戦に向かうにあたり、家康が増上寺住職の存応から聞いた言葉も、先の登誉の言葉と平仄《ひょうそく》をあわせるようなものであった。

家康様は進発に際し、士気《しき》を鼓舞《こぶ》するため吉兆を挙げるように存応和尚に命じましたが、和尚は不要と申されます。家康様が怒りを含み咎《とが》めたところ、和尚が「あなたは若年より毎日六万遍も念仏を唱えてきたと聞きます。それは何のためでしょうか」と聞くので、家康様は「貴賤ともに老少不定のことであるから、命があれば功徳を積み、命を失えば極楽往生できるよう念仏を唱えるのだ」と答えられました。和尚は「それならば、ますます不要でしょう。あなたは阿弥陀如来から天下を受け取るのですから、インド・中国・日本の軍勢が束になって攻めてきても、決して負けることはありません。どうして前兆など気にする必要がありましょうか」と申され、家康様も納得されたことでした。

ここでも家康の天下統一は、阿弥陀如来の力によるものとされる。阿弥陀と家康は一体化し、どんな武将も敵わない。それどころか、阿弥陀如来の側が、積極的に家康に奉仕する例も記された。大坂陣の合戦では、家康の念持仏であり後に増上寺に安置された阿弥陀如来の像（＝黒本尊）が、法師武者に変身し、家康を守るために戦ったというのである。

戦場より「味方の何某《なにがし》討死す、敵の何某討ち取られる」など、ひっきりなしに伝令が伝えておりますと、味方の陣より見慣れない黒装束の法師武者《ほっしむしゃ》が現れ、超人的な働きで敵を次々に倒していきます。この法師武者には矢も鉄砲の弾も当らず、誰の家来かも分からず、まことに不思議なことでした。家康様が思わず座を立って、仏閣に入り念持仏《ねんじぶつ》の厨子《ずし》を開いたところ、台座と後光《ごこう》だけで仏像がありません。家康様は毛が逆立つ思いで、側に控えていた了的《りょうてき》・郭山《かくざん》（ともに存応の弟子）に、「あの法師武者の正体が分かった」と告げられました。「どなたでしょう」と問われた家康様は厨子の中を見せ、「今日の戦いにはご本尊の加勢を頂いた」と感涙に咽《むせ》びました。

突然味方の陣から現れた、屈強な法師武者。次々に敵を倒していく強さと、誰かも分からない不思議さに、家康が思わず念持仏を見たところ、仏像が消えている。念持仏の阿弥陀如来（黒本尊）が家康を守るため戦っていると知った家康は感動し、存応の二人の弟子も共鳴した。はたして四日目に大坂は落城した、と記述は続く。ここには、阿弥陀如来自ら家康のため、刀をとって戦ったという話が記されている。さらにこの話は、浄土宗の中に広がり、近世後期には宗派を代表する記録にも加えられていった（『三縁山志《さんえんざんし》』等）。

『松平崇宗開運録』には、徳川家の天下支配は阿弥陀仏から与えられたものであり、家康は阿弥陀仏の奉仕をうけるほどの偉大な存在であることが記された。さらに増上寺住職の祐天が、こうした話を将軍たちに語ったことが記録されている。家康の神話は、天台宗側だけでなく浄土宗側からも作成され、広まっていったといえよう。

家康像の作成

徳川家康のイメージ形成を考える上で、どのような像が作成されたかという問題は、言説に劣らず重要な視点である。近世を通じて制作された家康像全体についての網羅的研究は乏しく、なお綿密な調査と考証が必要な段階である。そのため、ここでは特徴的ないくつかの例を扱うにとどめたい。

家光霊夢の画像

まず、家光霊夢の画像をとりあげよう。三代将軍家光は、しばしば祖父家康の夢を見、その画像を作成させた。

表4に挙げた図はそれぞれ、画像の裏面等に「東照大権現ご霊夢、ありがたく思し召され、尊容を画きたてまつるのみ」などと記されている。また、狛犬《こまいぬ》が書き込まれるなど、

神像の形式を備えている。そこから、これらは家光が見た霊夢にあらわれた、家康神の姿を描いたものと考えられている（高木　二〇〇三）。その内容は大きく、衣冠束帯姿の座像と、白衣や紋服姿の座像に分かれる。後者が全く家光個人の信仰の所産（孫から見た祖

素材等	寸法	図録	備考
絹本着色	176.0×88.3	徳17・大81	
紙本着色	96.0×43.0	〔天〕・日39・大82	
紙本着色	96.5×45.3	徳18・大83	
紙本着色	90.0×38.5	大84	
紙本着色	99.5×54.5	天53・徳19・日41・大85	
紙本着色	96.7×50.1	天54・徳20・日42・大86	
紙本着色	99.0×47.0	天55・日43・大87	
紙本着色	102.0×47.0	〔天〕・日44・大88	
紙本着色	102.0×51.0	〔天〕・日45・大89	
紙本着色	102.0×51.0	〔天〕・日46・大90	
紙本着色	64.0×46.0	天56・日49・大93	賛から天海生前作
紙本着色	88.0×32.0	〔天〕・日47・大91	
紙本着色	113.4×55.0	徳15・大77	9月17日拝礼
紙本着色	113.6×56.2		歴博ＨＰによる
紙本着色	101.0×50.0	日48・大92	
紙本着色	112.4×51.0	徳14・大78	翌年より4月17日拝礼
紙本着色	103.4×48.8	徳16・大79	元日拝礼

2003）を参照した．

(1994)，「日」は日光山輪王寺『日光山と徳川400年の文化』(2004)，

表4　徳川家康霊夢画像一覧

番号	霊夢年月日(和暦)	西暦	記事	現在の所蔵者	像容
1	元和9年	1623	箱書	徳川記念財団	衣冠束帯座像
2	寛永16年12月16日	1639	裏書	日光山輪王寺	白衣立膝座像
3	寛永17年5月5日	1640	裏書	徳川記念財団	衣冠束帯座像
4	寛永17年	1640	箱書	徳川記念財団	衣冠束帯座像
5	寛永18年正月17日	1641	裏書	徳川記念財団	衣冠束帯座像
6	寛永18年2月17日	1641	裏書	徳川記念財団	白衣黒頭巾立膝座像
7	寛永19年12月17日	1642	裏書	日光山輪王寺	衣冠束帯座像
8	寛永19年12月17日	1642	裏書	日光山輪王寺	紋服胡座像
9	寛永20年8月22日	1643	裏書	日光山輪王寺	紋服立膝座像
10	寛永20年9月29日	1643	裏書	日光山輪王寺	紋服立膝座像
11	〔寛永20年9月以前〕	—	裏書	日光山輪王寺	紋服黒頭巾立膝座像
12	寛永20年12月28日	1643	裏書	日光山輪王寺	紋服黒頭巾立膝座像
13	正保2年9月16日	1645		徳川記念財団	衣冠束帯座像
14	正保3年12月26日	1646	裏書	国立歴史民俗博物館	衣冠束帯座像
15	正保4年12月25日	1647	裏書	日光山輪王寺	白衣立膝座像
16	慶安元年12月16日	1648		徳川記念財団	衣冠束帯座像
17	(年未詳)	—		徳川記念財団	衣冠束帯座像

主に木村重圭「徳川幕府歴代将軍画像について」（岡崎市美術博物館ほか『徳川将軍家展』
「記事」は霊夢による作成であることを記した箇所.
「図録」の「徳」は上記『徳川将軍家展』,「天」は栃木県立博物館『天海僧正と東照権現』
「大」は東京国立博物館『大徳川展』(2007) の資料番号,〔　〕は写真掲載を示す.

家康霊夢画像
4代木村了琢筆（徳川記念財団所蔵）

父）という趣であるのに対し、前者の存在は、やや公的な傾向を示しているとも考えられるが、それとて徳川家中の範囲にとどまるであろう。

こうした画像に描かれた家康は、「狛犬などの環境設定をはぎとってしまえば、神像とは分からない」といわれ、その作成にあたっては霊夢の記録が残されている。

密訴を企む者の馬が権現様に近づいた際に、危険を感じた私が馬を捕らえました。「よくやった」と直に仰られたので、ありがたさに私は頭を地につけ、権現様の御恩に報いるため命を差上げる覚悟ですと申し上げましたところ、権現様は微笑みながら「おお」と声をかけて下さいました。

（家光守袋文書）

家光の夢にあらわれた家康は、自ら声をかける生きた姿で描かれる。夢に神仏などが生身の存在として現れることは、古くからの伝統がある。伝統的な神観念を継承しながら家康神の造型が行われたことを示すのであろう。

なお、表4の11番にあたる輪王寺本には、天海署名の賛が見られる。その文言は、「天に三光《さんこう》と現れ千象万物《せんしょうばんぶつ》を養育し、地に三聖《さんせい》として顕れ一天四海《いってんしかい》を護持す」というものである（他に、徳川家に伝来した四代木村了琢《きむらりょうたく》作画像にも見られる）。「三光」とは太陽・月・星、「三聖」とは山王神道の三神（大宮《おおみや》・二宮《にのみや》・聖真子《しょうじんし》）をあらわす。天の「三光」と協調し、地上において山王三神が人々を守っていくという意味である。また、そうした山王権現の存在によって日本の優位性を主張する側面もあり、中世の神国思想を踏まえた表現であるともいえる。そうであるなら家康は、山王権現と同体の神（東照大権現）として、日本を支配し守っていくという含意を読み取ることができるであろう。

増上寺の木像

家康の像は、画像のほかに木像も制作された。もっとも早い成立とされるのが、近世を通じて増上寺安国殿《あんこくでん》に安置され、現在は芝東照宮に伝来している木像である。

元和二年（一六一六）四月の家康死後、増上寺では中陰法要《ちゅういんほうよう》が執行された。さらに寺内

家康木像（芝東照宮所蔵）

に家康祭祀のため安国殿の造営が計画され、翌三年二月落慶《らっけい》した。このとき安国殿の別当寺院として安立院《あんりゅういん》を開創し、初代に門雪《もんせつ》を任命した。安国殿に安置された装束姿の神像は、慶長六年（一六〇一）に制作されたと伝えられる。その制作の経緯について、増上寺に伝来した資料によると次のようである。

駿府に権現様ご存命のとき、六十歳のお祝いと厄除を兼ね、みずからの姿を鏡に映し、等身の像を彫刻するよう命じられました。さらにその像の内部に、とり置かれた爪や髪を納められたのです。そのためこの神像を、「御爪髪《ごそうはつ》の御神像」と称し、また「御厄除の御神像」「鏡の御神像」などとも称します。実に鎮護国家、利世安民《りせいあんみん》を祈り、永く天下を守護する日本第一の御神像です。

この像は、束帯《そくたい》姿です。神は、第一には和魂《にぎみたま》（慈愛《じあい》の相）、第二に幸魂《さちみたま》（教示男子の形）、第三に奇魂《くしみたま》（自在無定の相）、第四に鬼神《きじん》と、四つの姿があると申しますが、権現様の相貌は第二の幸魂を採用されました。

御存命のうちは、この像を身近に置かれました。御遺言に「私の他界の後は黒本尊と共に増上寺廟堂の地に移し、常に念仏の声を聞かせよ」と命ぜられましたので、増上寺に鎮座されることになりました。最初は本堂の真後の宝塔に鎮座されましたが、寛永十八年に家光公の命で、火災を避けるため丸山の麓に新たに神殿を造営されました。

東照大権現の御本地は安国殿であり、安国殿の御本地は黒本尊なのです。神仏一致、本迹不二の教えを示されているといえましょう。

（「安国殿御宮御由緒抜書」）

この話に従うなら、徳川家康は六十歳の時、自分の姿かたちをそのまま映した木像を制作させ、自らの爪や髪を納めたという。まさに、家康自身の身代わりとして作られた経緯が伺える。そして、「鎮護国家」など、家康に代わって日本の秩序を守ることが期待されていたこともたしかであろう。

さらに興味深いのは、黒本尊との関係である。木像は遺言で、家康の死後は黒本尊の近くに置くことが命じられた。『松平崇宗開運録』などによれば、黒本尊自体が家康を助け治国をもたらす仏像と見なされていた。そうした黒本尊（阿弥陀如来）と家康が、ここでは一体の存在として「神仏一致」といわれている。阿弥陀如来と家康を一体視する論は、浄土系徳川神話に散見された。ここではそれを推し進め、普遍的・一般的な阿弥陀如来ではなく、黒本尊という個別具体的な仏像との関係で把握している点に特徴がある。

日本の神像は、仏像の影響下に作られるようになったとされる。生身仏《しょうじんぶつ》の像については、十世紀に日本にもたらされた清涼寺《せいりょうじ》の釈迦如来像が有名である。すでに知られているように、昭和二十九年（一九五四）の調査で、その胎内から絹などで作られた五臓六腑《ごぞうろっぷ》が見つかった。実は、内臓を備えた仏像は、中国ではしばしば制作されていたという（小杉　一九八〇）。こうした、生身の仏への志向が、爪や髪を納入した神像に影響を与えていると考えることができるのではないか。それはまた、霊夢画像に見られた、生きて動く神

霊光殿天満宮（京都市）

の姿と連動しているように思われる。

だが一方、ここで紹介した家康の木像は、生身仏の系譜をうけてはいるが、宗教的救済でなく治国等による現世の救済をもたらすという世俗性が顕著である。そうした意味で、まさに近世の到来を告げる神像であるともいえよう。

霊光殿天満宮の木像

京都市上京区徳大寺殿町に、霊光殿天満宮という神社がある。社伝によると、もともと河内国若江郡に存在し、長享二年（一四八八）に社家若江家断絶により祭事を東寺に委任したが、徳川家康・同家光や後水尾院などの助力により再興を果たし、東寺より奉還するとともに、後水尾院作東照権現尊像を合祀したという。この木像は、残念ながら未見である。しかし、その制作事情について、宮内庁書陵部所蔵の『東照権現縁起』に記述がある。以下、同書の概要を紹介しよう。

三代将軍徳川家光の時代、後水尾院が加持祈禱を行い、公家衆も合戦の準備をしているという風聞があり、いぶかしく思った幕府は、院側近の老女松岡を江戸に招請した。「単なる風聞であろうが」という問いかけに対し松岡が、「後水尾院は真剣に倒幕を考えている」と事も無げに答えたため、一同色《いろ》を失った。松岡の、直接将軍に話したいという希望により、家光が対面することになった。

「京都では賄《まかな》いに至るまで不自由しており、倒幕も考えられている」という松岡の言葉に、「諸事不行届は自らの罪」と家光は涙を流し、「討伐されることよりも、徳川が亡びたのち、逆賊が跋扈《ばっこ》し人々を苦しめることが悲しい」と述べる。松岡は家光の忠義の心にうたれ、京都御入用を配慮することを条件に家光を擁護することになり、家光の心情を記す書付を持参して京都へ戻る。

松岡が将軍の忠義と幕府の武威《ぶい》を述べ説得した結果、後水尾院も納得した。その際に、東福門院《とうふくもんいん》（後水尾院中宮・徳川秀忠娘）が、自らの祖父家康の肖像を作成し祭ることで、幕府との信頼関係を強化することを提案し、そのようになった。
そののち後水尾院は、父後陽成院の時代に上洛した家康が、東寺霊光殿再興と、天満神より代々相伝した神道の興復を提案したことを思い出した。そこで、家光上洛の折に相談し、東照権現神像を霊光殿に移し天満神と相殿《あいどの》とし、天満神より相承の神道で奉祭することになった。

後水尾院時代の幕府と朝廷の緊張関係など、史実に基づく部分はあるものの、フィクションも多いように見える。では誰が、どのような意図でこうした話を作成したのか。

近世、伏見宮家に仕える公家の一つに、若江という家があった。代々従五位下から従四位下に進み、「殿上人《てんじょうびと》」というランクに属していた。同家に伝わる資料の中に明和六年（一七六九）ごろ朝廷からの諮問《しもん》に対し作成された「御返答書」や、享保十四年（一七二九）に作成された「東照宮天満宮御相殿御縁起　弓削《ゆげ》物語」があり、そこに同家の歴史と天満宮などの関わりが書かれている。それによると若江家は、菅原《すがわら》家（同家出身の道真《みちざね》が天神様として有名）の分家で、河内国若江郡の天神社を伝領していたことから若江姓となった。長享二年（一四八八）に一度断絶し、若江天神社の神体等は東寺の僧侶であった一族が引き取った。その後、天神ゆかりの大元尊（合戦必勝の神という）をも祀っていたことから、元亀元年（一五七〇）に徳川家康が東寺天満宮を参詣した。そのため、多少曲折はあったが寛永十一年（一六三四）に将軍家光の後援により若江家再興を果たすに至った。ところが、五条家から入り若江姓となった理長《まさなが》が、慶安年間（一六四八〜五二）に後水尾院に対し幕府との不和を解消するよう諫言《かんげん》を行い、院の逆鱗《げきりん》に触れ手討に遭った。肩に傷を負った理長は蟄居《ちっきょ》したが、江戸からの使者がひそかに来て、幕府に対する忠誠を賞賛したという（松田　二〇〇三）。

これらの資料を信じるなら、若江理長はかなり武家寄りの立場であったことが窺える。また、前述「御返答書」の朝廷からの質問には、「先々東照宮・天満宮・大元殿等を相祭るの由申し聞き及び候、委細申し述ぶべき事」と記されており、東照宮を祀っていたことも事実のようである。若江家再興に際し、幕府の援助は決定的であり、それがこの伝承の背景に存在したことは間違いないだろう。公家社会の中にも、家康木像が作成され徳川神話が形成されていたという、興味ある例である。

家康の画像・木像については、概要が把握されておらず、さらに実際の使用の様子（祭祀形態）の解明などに課題を残している。今後、そうした方面の研究を蓄積することで、文献資料とは別の側面から、徳川家神聖化の様子を把握していくことが求められる。

東照宮信仰の諸相

江戸の東照宮

二代将軍秀忠は、日光東照社の工事が竣工した元和三年（一六一七）三月、江戸城内にも東照社を造営するよう命じた。翌年三月、江戸城西丸の紅葉山《もみじやま》に社殿が完成し、家康の命日である四月十七日には、天海が導師となって法会が行われた。これが、紅葉山東照社（宮）である。別当には、浅草寺の別当である観音院忠《ちゅう》尊《そん》が任命された（知楽院《ちらくいん》と改称）。

紅葉山東照宮には、たびたび将軍や世子《せいし》（世継ぎ）が参拝している。恒例のものとしては、正月・四月・九月の各十七日の参詣があり、そのほか祝い事がある時などにも参拝が行われた。

また、秀忠以降の将軍が逝去するたびに、紅葉山に歴代将軍の御霊屋《みたまや》が建設された。さらに、菩提寺である増上寺や、同様の役割を担った寛永寺にも、逝去した将軍たちの御霊屋が建築された。歴代の将軍たちは、行事の内容によって、あるいは紅葉山、あるいは寛永寺や増上寺の御霊屋に参詣した（後代には代参が増大）。

その一方で、将軍の私的な信仰のため、秀忠は江戸城本丸に本殿だけの簡素な東照社を勧請《かんじょう》した。紅葉山は徳川家中の結束を示すため大名たちが動員されることも珍しくなく、公的な性格が強かったためであろう。さらに三代将軍家光は、寛永十四年（一六三七）に本丸から二の丸に移し、「内宮」として新たに社殿を創建した。私的な参拝のほかにも、将軍の生活空間に近いことから、体調や天候が不良の際には、この二の丸東照宮に参拝することもあったようだ。ただし、家光の私的なものであったためか、家光没後の承応三年（一六五四）に紅葉山東照宮が改築されたとき、二の丸東照宮の御神体は紅葉山に移され、社殿は仙波東照宮に移築されたという（以上、高藤　一九九一）。

将軍はもちろん、大名たち（とくに国持大名）にとっても東照宮は無視できない存在だった。たとえば秋田藩の家老をつとめた梅津政景《まさかげ》の日記によると、佐竹義宣《よしのぶ》は元和年間（一六一五〜二四）から、在府中は将軍の紅葉山東照社参に供奉している。とくに正月は、将軍家・御三家に加え、江戸に在府中の大名は残らず社参を命じられていた。

こうした在府の大名たちが紅葉山に供奉する際の服装について、寛永十三年に幕府の命が出されている。家康の祥月命日である四月十七日に加え、正月十七日には直垂大紋《ひたたれだいもん》を着用し、五月・九月・十二月の各十七日はやや略式で長袴《ながばかま》着用などとされていた。つまりこの時点で、在府の諸大名に年五回の紅葉山参詣が義務づけられたのである。

東照宮の勧請

江戸にいる間は、律儀に紅葉山に参詣を行った大名たちであるが、国許《くにもと》へ戻るとどうであっただろう。徳川一門や血縁関係にある外様《とざま》大名など、早くから国許に東照宮を勧請した大名は、熱心に参詣した様子が窺える。たとえば福岡藩主の黒田氏は、入部後は香椎宮《かしいぐう》や大宰府天満宮に先駆けて、まず東照宮（承応元年〈一六五二〉勧請）に参拝し崇拝を示している。

城下町への東照宮勧請は、徳川御三家はさすがに早く、尾張藩が元和五年（一六一九）、紀州藩と水戸藩が同七年に東照社を勧請している。その他、外様大名でも徳川家と血縁関係のある弘前藩（元和三年勧請）、岡山藩（正保二年〈一六四五〉）、広島藩（同三年）、鳥取藩（慶安元年〈一六四八〉）、仙台藩（承応三年）などが比較的早く東照社（宮）を勧請するとともに、城下町の重要な行事として東照宮祭礼を位置づけた（弘前藩を除く）。上記の諸

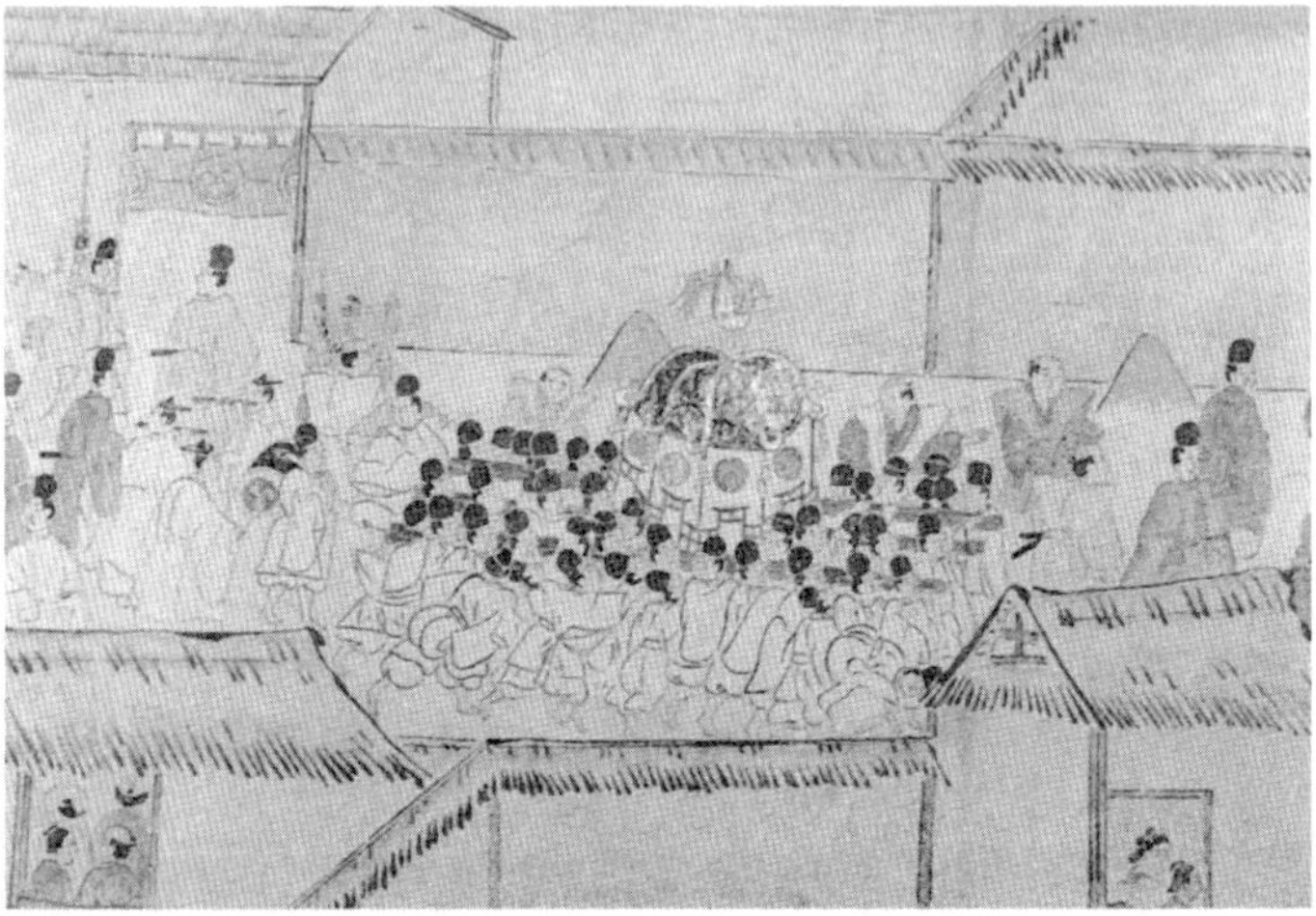

「東照宮祭礼行列絵巻」寛延４年（個人蔵，鳥取市歴史博物館保管）

藩で行われた祭礼行列では、あるいは藩主の上覧が行われ、あるいは華やかに町方練物が行列を組んだが、藩と町人の関係はさまざまで、領主の威光を示すことに重点のあった岡山藩や鳥取藩、町人との交流に比重のある仙台藩など、各藩の個性も発揮されたという（中野　二〇〇二）。

一方、東照宮を勧請した割合は大名家全体の二割程度といわれ、とくに譜代《ふだい》大名は臣下の分際を配慮し勧請を遠慮した（高藤　一九九二）。主要な外様大名の中でも、金沢の前田氏は寛永十七年（一六四〇）に東照宮を勧請したものの、地元の別当寺院神護寺《じんごじ》は十八世紀後半には名目だけの存在になっており、国許の東照宮を金沢藩が重視していた様子は認められない。

また秋田藩や長州藩では、十八世紀に入ってから、幕府や寛永寺からの外圧（後述）により、東照宮を造営した。その際にも、小規模にして経費を節約し、尊崇の姿勢さえ示せればといった程度を目指している。秋田藩の場合、東照宮の別当着任のため寛永寺から秋田に赴任した僧侶が、財政難からいつまでも東照宮が造立されない状況下、心労が重なったためか死去してしまうような事態に至っている。東照宮が純粋に信仰の対象でなく、政治権力の所産であった側面を示す例である（中野　二〇〇〇）。

会津の東照宮

保科正之《ほしなまさゆき》（一六一一～七二）といえば、三代将軍家光の異母弟として、家光生前は兄に仕え、死後は甥にあたる四代将軍家綱を後見し、幕政を文治《ぶんち》政治に転換させた実力者である。信州高遠《たかとお》の領主から、山形の領主を経て、会津に入部したのは寛永二十年（一六四三）。幕末まで将軍家を支え続けた会津藩の誕生である。

保科正之は、将軍家一族として熱烈な東照権現信仰を持つと同時に、山崎闇斎《やまざきあんさい》（一六一八～八二）を通じて朱子学《しゆしがく》に親しんだ。寛文五年（一六六五）に正之は、朱子の講義録に基づく『玉山講義附録《ぎよくさんこうぎふろく》』を刊行し領内の有力寺社に奉納するが、寺社の筆頭に位置したのが会津東照宮であった。東照権現信仰と朱子学の結合は、たとえば天台宗寺院からの中請をめぐる藩の公式記録に、その一端が窺える。

会津領内の日光寺から願書が出されました。その内容は、日光寺は日光山輪王寺の末寺であることから、権現様・秀忠公・家光公の位牌《いはい》をお受けし安置して参りましたところ、寺が破損し位牌を安置すべき場所が無くなったため、臨時に薬師堂を修復し安置しましたが、修復費が不足するため金二十三両の下賜《かし》を願い出るというものでした。それに対する正之公の判決は、権現様と縁も無い田舎の地に位牌を置くのは、却って権現様を汚す行為であるというもので、願い出は却下となりました。

（『家世実紀《かせいじつき》』寛文七年二月十日条）

また、浄土宗寺院からの申請に関しても、同様の意識が窺える。

会津領内の新善光寺から願書が出されました。江戸の増上寺の存応上人から権現様の位牌を賜った由緒により、「殺生禁断」の高札を掲げさせて頂きたいというのです。役人たちが検討し、先例は無いが由緒のある寺なので決めかねて、上裁を仰ぎました。正之公は、「由緒と言うが、将軍家や領主から認められたわけではなく、僧侶集団内部の由緒にすぎない。とくに田舎の小庵などに位牌を建てることは、却って権現様に対し無礼である」というもので、願い出は却下となりました。

(同、同九年三月十一日条)

保科正之は、家康の霊を祀ることが出来るのは、原則として将軍や領主から認められた場合に限ると考えていた。「門跡から許された」などというのは、僧侶集団の間の決まり事に過ぎないと述べている。また郊外を嫌い、城下での祭祀を望んでいたようにも見える。東照宮は、藩政府が城下町で祭祀するべきであると考えていたのであろう。それは、藩主として藩内秩序を築く立場からの発想であり、正邪を弁別し上下秩序を重視する朱子学の影響と思われる。

藩政府のそうした志向が貫徹されれば、会津領内の村落に東照宮は無いはずである。だが、基本的に天領であったが(一時期会津藩領)、会津藩の私領同然といわれていた地域で民間の東照宮が祀られていた事例がある。すなわち、南照寺《なんしょうじ》(現南会津郡南会津町)において、遅くとも天明八年(一七八八)以前に日光権現社の相殿神として東照権現が勧請され、

南照寺修験資料館(福島県南会津町)

近くの天領代官から援助を受け、代官所へ守札も発行していたことが確認できる。

民衆と東照宮

会津は極端な例であり、実際は民間で祀られた東照宮は多かった。とくに関東・東海地域は、家康が生前に活動した由緒の地が多く、地域の有力者などが東照宮を祀っていた（高藤　一九九二、中野　二〇〇二）。さらに注目すべきは、東照宮の性格の変化である。

東照宮は第一義的に徳川将軍家の祖神であり、次いで徳川家中の神である。だが、時代が下るにつれて、民間でも東照宮に親しむ方向性が現れ、さらには自らに引き付けて東照宮を観念する人々が出現した。たとえば近世後期の日光において、町人たちが自己の行動の正当性を主張する際に、東照宮を利用することが起こった。

日光山は、恐れながら東照宮の鎮座以来、神慮によって、山の中でありながら数千人の老若男女まで不自由なく暮らしてまいりました。しかしながら近年、経済的困窮が進み、人口も減り、神役を果たすのも困難になってまいりました。このたび日光山における普請《ふしん》が始まり、神恩ありがたい限りと喜んでおりました。ところが、従来は町全体が経済的に潤う方式であったのに対し、今回は請け負った大名家の経費削減のため、一部の請負町人に利権を独占させております。このような、古例に反したことでは、なかなか困窮の救いにはなりません。恐れながら日光の町は、町人が神役を務めて成り立っている町です。町人が困窮すれば、ついには御神威をも削ることになりかねません。たとえどれほどのお咎めを蒙《こうむ》るとしても、年来神恩を賜ってきた私たちとしては、東照宮の神威を削り、多くの者が困窮して神役も務められなくなるような事態となっては、日光の町の破滅でありますので、お考え直しをお願いいたします次第です。

安永七年（一七七八）に起きた打ちこわしでは、町人たち全体（「十五歳以上六十歳以下」の「惣町人」）が自己の正当性を役所に主張する際に、東照宮の権威を楯にしている。本来領主階級の神であった東照宮は、町人たちの利益を代弁する神に読み替えられるに至った。これは日光だけの特殊例というより、以下に述べるような、近世中期以降の政治や社会の変化を反映した動きと考えられる。

吉宗の東照宮政策

八代将軍となった徳川吉宗（一六八四〜一七五一）は、財政再建のため大名たちの江戸参府を半減させるなど、「御恥辱を顧《かえり》み」ない政策を余儀なくされた。傷ついた武威の回復と、分家から宗家を相続した自己の正統性を確立するため、吉宗の選択したのが東照宮信仰の強調であった。六十五年ぶりの日光社参復活は、その端的な表れとされる（表2参照）。

日光社参と並んで画期となったのが、東照宮の所在調査であった。吉宗政権は享保二十年（一七三五）、全国の諸大名に勧請された東照宮の所在調査を、その神領調査とともに命じた。吉宗自身に、どこまで東照宮の諸国勧請を拡大する意図があったかは不明である。しかしながら、政策担当者である寺社奉行は、諸大名の東照宮祭祀状況の調査を寛永寺に依頼した。寛永寺はその立場を利用し、各藩に圧力をかけた。正式に別当寺を建て東照宮を勧請している大名は多くなかったからである。禅宗寺院に家康の位牌のみを置いていた長州藩は、これを機に領内天台宗寺院に東照宮を勧請するに至っている。大名たちの横並び意識が、寛永寺の教線拡大を招いたともいえる。

さらにその後も、幕府は各地東照宮の所在を把握しようと試みていることが確認されている。だが幕府は、最後まで自主的な勧請を制限する方針を出さなかったため、天台宗以外の寺院や民間で勧請された場合、調査には限界が生じたようである（中野　二〇〇二）。

東照宮信仰の変質

近世初期、徳川政権の主要な関心は、まず領主階級内部の力関係にあった。武家領主を、家康の血筋を基準として区分けし秩序づけることが、大きな重要性を持ったのである。だが時代が下ると、より広範な階層が支配の射程に入ってくる。それに伴い、下層の武家や、さらに民衆に対しても、東照権現の信仰を広める有効性が意識されてきた。幕臣が日光東照宮を参詣する場合、当初はお目見え以下の御家人には「拝見」のみ許されていたが、寛政十二年（一八〇〇）には「参詣」が許されるようになった。地域の有力者を意識して、あるいは東照宮祭礼という形で、あるいは史書を編纂することで、あるいは史跡の発掘を通じて、家康の事績を顕彰（時には捏造《ねつぞう》）することが行われた（倉地　一九九六、羽賀　一九九二）。

こうした動向と関連するかのように、偽（擬）書の作成によって家康を神話化した事例が多く見られた。神社関係者の間に広がった「元和元年神社条目」や、寺院関係者の間に流通した「宗門檀那請合之掟」など、家康から特権を保証されたと称す文書が偽造され、歴史的な事実として受容されていた（松本　二〇〇六）。その他、盲僧の語った釈文に、四季の土用を司る五郎王子が東照宮の聟になったという一節が見られるなど、社会の広い階層に、東照権現信仰の広がっていたことが裏付けられる。人々が自らのよりどころとなる由緒を求めたことによると思われるが、それに対応して勢力拡大を図った寛永寺の動向も、なお踏まえていく必要があるだろう。

時として、それが反幕的傾向に傾くこともあった。家康の善政や東照権現の神威を、天皇・朝廷への尊皇と関わらせて説き、現実の幕政を批判するようなことも行われた（石毛一九七二）。しかし、だからといって、東照宮を徳川一族で独占する元の政策に戻すことは出来なかった。それが時代の推移というものであった。

神君家康

以上述べてきたように、近世を通じて東照宮は、位置づけ等には変化が見られたものの、その重要性は変わることがなかった。ここではそれに関わりの深い問題として、近世国家における将軍と天皇との関係に注目し、確認しておこう。

天道との決別

一七〇〇年前後に貝原益軒の手を経て広く流布した『東照宮御遺訓』には、家康の言葉として有名な次の文章があった。

忠信や義は、徳川家のためのものではなく、「天道《てんどう》」に対するものである。それを理解し行動したため、自分に対し、「天道」が天下の支配を許して下さったのである。

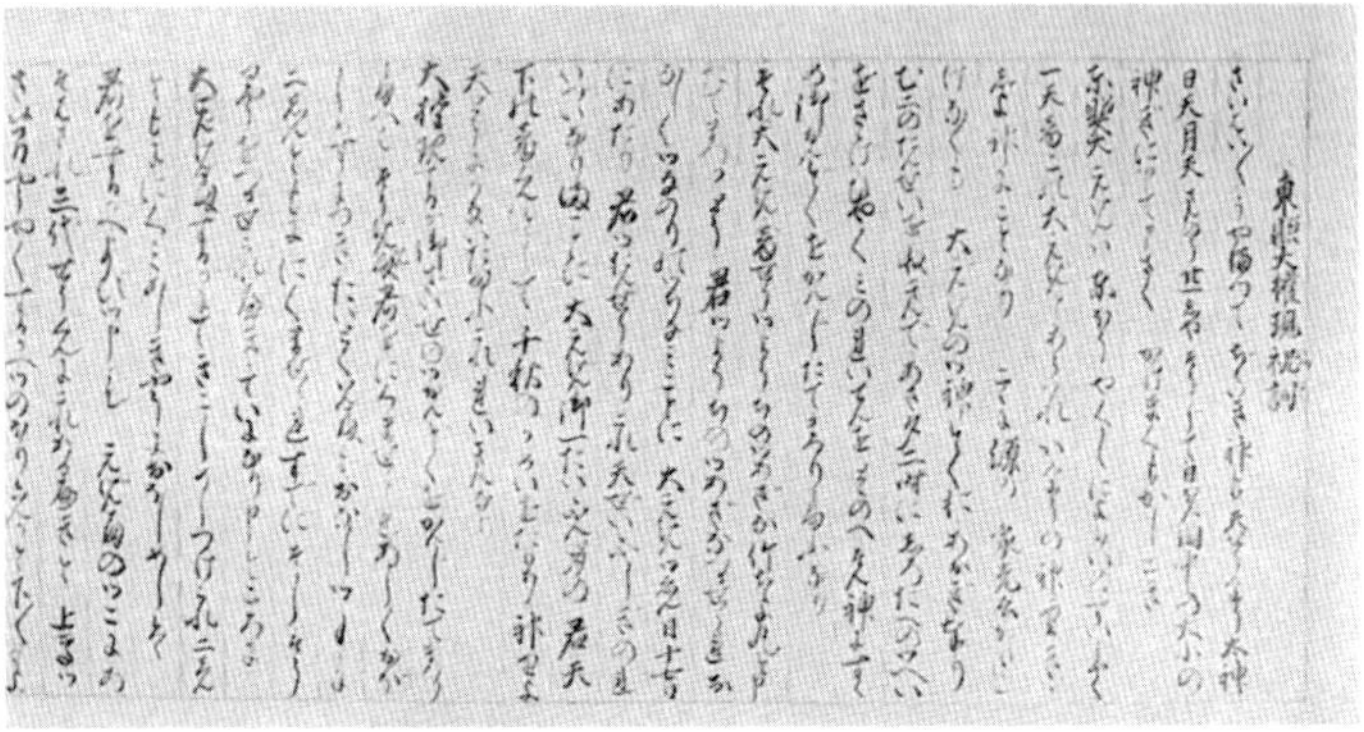

東照大権現祝詞（輪王寺所蔵）

もし徳川の政治が不正なものとなったなら、天が権力を取り上げるであろう。天下が治まるか否かは、ひとえに将軍の心の正否にかかっていることを、重々承知しなければならない。まことに天下は天下の天下なのである。

「天下は為政者の私物ではなく、万民のためのものである」という言葉は、現代でも通用する立派なものである。しかし実際は、こうした考え方は徳川家にとって決して望ましいものではなかった。自らの地位を安定させ、子孫への継承をも確実なものとするためには、天道思想――誰もが天のもとでは平等であり、誰に天命が下っても不思議ではない――は否定されなければならなかった。そうした方向性が明確な形になったのは、家光の時代である。

御父君の秀忠公がご存命のとき、家光公は何かと苦労なさいましたが、権現様を深く信仰なさったため、天下を思うように治めることも叶い、ご先祖である権現様の名跡を無事に継がれました。これはひとえに権現様のお恵みであり、ありがたい御恩でございます。まことに権現様から天下を拝領されたといえるでしょう。権現様は、生前は駿府城において家光公が後継者であることを決定され、「滅後」は一天守護の大権現となられて、家光公を夜も昼も怠ることなく守られているのでございます。

（春日局「東照大権現祝詞」）

ここには、天下を治める正当性の由来が、天道でなく東照権現となっている。同じ人格神であっても、理念や道徳性に基準を置く天道から、血のつながりを条件とする守護神に、権威の源が移っていった。権現様の掟に従うことが、天道に代わって将軍を権威づけるようになったなら、徳川の血筋は特権的な地位を手に入れたことになる。このことを、新たな王家（王権）が誕生したとは言えないだろうか。

将軍と天皇

徳川将軍は果たして〈王〉だったのだろうか。江戸時代に日本に来たケンペル、シーボルト、ペリーら欧米人は、近世日本には宗教的皇帝（天皇）と世俗的皇帝（将軍）の二人の皇帝がいると見なした。実際は、近世の日本で王（国王）

といえば天皇を指していたらしい。しかし、

天皇＝権威（宗教的）

将軍＝権力（世俗的）

という図式は後代への影響力が強かった。現在もなお、幕府権力は世俗的には強大であったが、宗教的権威の点で天皇を超えることはできず、結局近世後期に幕府の権力が衰えると天皇権威が浮上していった、という記述をしばしば目にする。

これに対し、近年の研究は疑問を投げかけている。天皇と将軍の力関係に関し、たとえば官位の授与や元号の制定に及ぶまで、主導権は将軍にあったことが明らかにされている。また、鳴物《なりもの》停止《ちようじ》（権力者の死去にあたり歌舞音曲等を禁じ慎みを強制する）の日数は、将軍・大御所（前将軍）がおおむね五十日程度であり、三日から七日程度である天皇・院（天皇経験者）の数倍となっていた。将軍を任命する儀礼さえ、天皇から将軍に称号を献呈しているのが実態に近いといわれている。そのように、各種国家儀礼等において、将軍は天皇と同等以上の扱いを受けていたというのである。

二人の王

徳川将軍は世俗的存在だったとする点についても、たとえば天変地異への対応から異論が出されている。院政期以降、日食・月食の際に禁裏御所を

ムシロで包むことが行われていた。この行為は摂政・関白や院にさえ見られないことから、天皇が〈王〉であることの標識として重視された。ところがこの行為を、実は鎌倉時代や室町時代の将軍御所でも行っていたことが指摘されている。そこから、中世の日本には（少なくとも）二人の王がいた、とも論じられている。

さて近世になっても、日食の際に天皇の御所は包まれた。一方将軍については、早い時期は確認できないが、五代将軍綱吉についてはは日食を避けた例が確認できるという。綱吉は、改暦の断行や天文に対する強い関心など、世俗世界にとどまらない〈王〉としての自意識が指摘されている（杉　二〇〇六）。歴代将軍の意識における画期を、この時期に設けられるかもしれない。ただしそうだとしても、徳川将軍が世俗権力の域を超え王権に至ったとするのか、単に京都風の王権に移行したと考えるのか、なお検討が必要であろう。

神君の呼称

その五代将軍綱吉の時代、徳川将軍家として初めての公的な家史が作成された。『武徳大成記《ぶとくたいせいき》』と名づけられた書の中で、家康は「大神君《だいしんくん》、その仁は天のごとく、智は神の如し」と記された。「神君」の語についていうなら、「神」はもちろん東照権現という神であり、一方「君」は通常天子を指す。家康を天皇と同格以上と見なしていたことが、呼称からも伺えるのである。

「神君」の語は、寛文十年（一六七〇）に林鵞峰《はやしがほう》によって完成された『本朝通鑑《ほんちょうつがん》』などにも見え、そうした観念のすでに発生していたことが確認できる。寛文二年（一六六二）に刊行された『羅山林先生文集』所収の「寛永戊辰日光山斎会記」には、寛永五年（一六二八）の家康十三回忌について「皇考神君ノ十三周忌」と記され、これが当初からの表現であるなら、羅山は寛永五年時点で「神君」の語を使用していたことになる。

ちなみに、天海は『東照社縁起』において、家康を「源君」と表記していた。同書の清書された過程を踏まえるなら、家康が「君」である（「公」＝臣下の分際、ではない）という主張は、後水尾院をはじめ公家衆の中にも周知され、承認されていた（少なくとも「させられていた」）と考えて良いのではないだろうか。

近世の王（王権）

近世国家において誰が〈王〉であったかについては、なお議論が割れている。大きく分けるなら、次のように考えられるだろう（堀　二〇〇六など）。

Ⅰ　〈王〉は単数

　a　天皇が〈王〉（天皇国王論）

　b　将軍が〈王〉（徳川王権論）

c　天皇と将軍が一つの王権を構成（公武結合王権論）

Ⅱ〈王〉は複数

a　天皇と将軍が別個に王権を保持（二人国王論）

b　天皇と将軍が複合して王権を形成（複合王権論）

Ⅰaは、一番明確な立場である。近世においても、内実はともかく、「王」といえば天皇を指していた。また、近世の天皇が〈王〉としての自意識を保持していたという研究成果とも適合的で、将軍は天皇に任命されるといった形式論理の面でも抵抗の少ない説である。しかしながら、中世史研究の進展により、鎌倉将軍や室町将軍が王権を保持していたという説が認められつつある。さらに武家の力が強まった近世において、天皇のみ王権を保持していたという説は、形式にとらわれ実質を見失っているとの批判を招きかねず、なお説得力のある説明が必要と思われる。

Ⅰcは、天皇も将軍も単独で王権を構成するのでなく、相互補完的に結合しているという説である。互いに相手を不可欠の存在とするが、武家と公家が対等ということではなく、中世以降は武家の主導権のもとで公武の結合があったと説かれている。天皇と将軍の関係を緊張・対立と見がちな研究史に対し、融和・協調を基調とする指摘は斬新であるが、一方「結合」のあり方が分かりにくいとする批判がつきまとっている。

Ⅱａは、天皇も将軍もそれぞれ王であり、近世には二人の〈王〉がいたとする説である。中世史との連続性を説明するのに有効である。だが、近世日本が統一国家であったとするなら、二人の〈王〉の関係や国家的な統合について、具体的に論じる必要性があるとの指摘もある。

Ⅱｂは Ⅱａの課題に答える性格を持ち、中世と比べ格段に統合された近世国家において、世俗王である将軍と神聖王である天皇というように、役割分担しながら並存していたことを主張する。

徳川王権論　上記の議論に対しⅠｂは、徳川将軍こそが〈王〉であったと説く。天皇の役割について最も限定的に考えるため、皇国史観の時代はもちろん、戦後の実証主義史学からの距離も遠かった。見ようによっては、異端説でさえあるかもしれない。

そもそも王権論とは、もともと文化人類学で使用された概念であり、従来の歴史学とは異なる発想から生まれている。徳川王権論も、まず歴史学以外の研究者が提唱した。たとえば一九八〇年代後半、日本近世の権力のあり方について、社会学などを専門とする研究者から「徳川権力は本当にオーソライザーが必要だったんでしょうか」といった問題提起がなされた。従来の歴史学の、徳川将軍が保持したのは権力のみで、その正当化のために天皇家が必要だった（天皇家を利用した）といった説明に対し、権威を持たない権力など有り得ないという、文明史の観点から異議が出されたのである。その後、徳川家は東照大権現という祖神を核にして「宗教的な自前の権威の源泉をつくり出そうとしたのではないか」といった議論も現れた。

ある意味で思いつきに近い議論を、実証研究のレベルに底上げしたのは、宗教や思想の分析作業であった。言説世界や神話世界において、徳川家康（徳川将軍家）が神聖な存在とされ、天皇家の権威を凌駕するものとして観念されていたことを論証する研究が提出されたのである。この見方に対しては、もし徳川王権が存在したのなら、天皇や朝廷と異なる独自の王権儀礼や観念を作り上げていたのか、という疑問が出されている。また、天皇と将軍の関係は、近世を通じて固定されていたわけではないので、変化の様子や関係性の画期などの実態解明が必要であるという、もっともな指摘もある。

一方で、制度や法令レベルにとどまらず、人々の意識や心性に踏み込んで近世社会の実態を明らかにしようとするなら、将軍の権威や宗教性について、なお究明が必要だという議論が進められている。渡辺浩氏は、近世社会における身分・格式が象徴的行為（儀礼や建築・衣装など各方面にわたる社会的な舞台装置等）によって支えられていたことを指摘した。将軍は将軍らしく、大名は大名らしく、百姓は百姓らしく振る舞う（振る舞わされる）ことにより、地位や身分が当然のものとの通念が生じ、定着したというのである。そのような社会にあっては、「なぜ武士は百姓より身分が上なのか」といった問いは思いつく余地もなく、問うことも憚られた。将軍の「御威光」は、そうした社会の中で機能し、社会を規定していたというのである。また、将軍や天皇に対する当時の一般的呼称は「公儀と禁裏」であったことを指摘し、当時の感覚では将軍こそ「公」であったとする（渡辺　一九九七）。近代以降の「将軍と天皇」「幕府と朝廷」といった呼び方では見えなくなってしまう感覚が、そこにはあった。〈王〉のイメージは、より将軍に傾いていたのである。

公儀と禁裏

支配の二重構造

宗教社会学の分野でも新たな議論が生じている。天皇が将軍に官職等を授与するのだから天皇が上位者であるという主張に対し、社会文化

論の観点から反論が現れた。すでにR・N・ベラーは日本近世社会の構造について、

政治権力の系列：将軍・家老・番頭・年寄・妻……

宗教権力の系列：天皇・大名・旦那・庄屋・家長……

という両系列を指摘し、前者が集合体の実権を把握し、後者は集合体の象徴的意味しかもたない首長である、と指摘した。それを踏まえて池田昭氏は、日本近世の在地社会における神主は、神事儀礼やその後の直会の時こそ長老たちに名誉や供物を与えるが、通常は村の長老が上位、神主をつとめた者は下位に位置づけられるという慣例を指摘し、国政の場では将軍が長老に、天皇が神主にあたる、と論じた。儀礼の場においてのみ序列が入れ替わるのは、在地社会の慣行を考えれば意外ではないというのである（池田　一九九六など）。

池田氏の指摘するこうした在地慣行がどこまで普遍性をもったか、政治の場を同一視できるかといった問題はあるかもしれない。しかし、近世に階層を越えた精神世界（国民的宗教）が成立したという議論を考えれば、一概に否定するのも惜しまれる。形式にとらわれず実態を見るなら、天皇と将軍のどちらが実力者であったかは、いうまでもない。当時の民衆の感覚に立ち戻るなら、徳川公儀の重みは、現代の我々の感覚とはずいぶん異なるものだったのではないだろうか。

従来の研究は、ともすると物理的強制力の体系として国家を想定し、その頂点に王権を求めてきたように思われる。しかし前述のように近年の研究動向として、支配者と被支配者の各集団を、ともに一個の幻想の共同体に編成するものとして王権を把握しようとする傾向が強まっているのではないだろうか。その結果、儀礼・象徴・宗教・神話といったものが注目を集めるに至っている。本書では、その一端について触れてきたつもりである。

「権現様」と「大公儀」

日本近世の人々にとっての自らの共同体のイメージを考えるなら、それは明らかに「元和偃武」以降「武威」によって繁栄する「神国・仏国」であったと思われる。それをもたらしたのが「権現様」であった。子孫の「公方様」は「権現様」の掟を守り、「大公儀」を主宰し人々を守っていると観念されていたのではないだろうか。そこに「禁裏様」が割り込む余地は、果たしてどの程度あっただろうか。

そうした点からも、「神君」家康が歴史上果たした役割は、今後ますます重要な研究対象になると思われるのである。

神を作り出したもの――エピローグ

江戸時代を通じて徳川家康について、あるいは家康を含む徳川将軍家について、それが神聖な存在であることを主張する神話が作成され語られた。前者を家康神話、後者を徳川神話と名づけることができるだろう。

彫刻は語りかける

徳川神話はさまざまな形で広められた。語りとして、偽（擬）文書として、記録として、さらに画像として。中でももっとも端的な形を示すのが、日光東照宮の建築群と、そこに施された彫刻・絵画である。それらが語るものについて、近年解明が進められており、興味深い内容が明らかになってきている（高藤　一九九九）。以下それに導かれて、彫刻の意味を考えてみよう。

トラ　拝殿正面の彫刻

日光東照宮には、大小五十五棟の社殿に五一七三体の彫刻、壁面や天井などに大小五百の絵画が見られる。彫刻の主題は、大きく分けると人物・動物・鳥類・植物・昆虫・魚類・自然現象などから成る。それらは何の意味もなく彫られているのではなく、それぞれがメッセージを持っていた。

十二支と将軍

たとえば、実在する動物の彫刻の中で一番多いのはトラで、次はウサギである。また、実在しない動物の中でもっとも多いのは龍と唐獅子である。龍は中国では皇帝をあらわす動物であり、その彫刻はもっとも格の高い箇所に置かれている。ところが東照宮では、たとえば拝殿正面には龍ではなくトラが中央に置かれている。龍はその左右に配置され、トラの次の位置である。こうした配置等は、しかるべき意味があった。

権現様が生前に仰っていましたのは、自分は寅年、秀忠は卯年、家光は辰年の生まれであるから、もし家光が巳年に嫡男をもうけ、その子に天下を譲れば、徳川家は代々天下を保つことができるであろう、とのことでした。その上、権現様が三十八歳の年に、秀忠公がお生まれになりました。今年家光公は三十八歳ですので、ちょうどお世継ぎが生まれるころでございます。ぜひ若君が生まれるようにと思っておりますので、大僧正様にも何卒そのようにお願いいたしたいと、心から念じております。

（英勝院書状）

右の手紙は寛永十八年（一六四一）の家綱誕生当時、春日局とともに大奥をまかされていた英勝院《えいしょういん》（家康側室お梶《かじ》の方）から天海に送られた書状である。家光側室お楽《らく》の方が妊娠した際のもので、天海自身男子誕生のため祈念を凝《こ》らしていた。英勝院は家康の予言として、代々の将軍が十二支の順番に沿って、それぞれトラ・ウサギ・辰（龍）・ヘビの年に生まれるという言葉を挙げる。そして実際、家綱が誕生した。ここから家光にとって、それぞれの動物は同時に歴代の将軍を示していたと考えられる。家康を示すトラに対し、家光の龍が上の立場となることは無いのである。

家康の墓所である奥社への入口近く、東回廊の長押《なげし》上に有名な「眠り猫」の彫刻がある。以前は、「神聖な墓には、汚れたものはネズミ一匹通さない」という意味で解釈されたこともあった。しかし、「それなら、どうして寝ているの?」という問いには答えられない。真相は、猫の裏側にある雀の彫刻と組にして考えることで得られた。

平和を示す猫

奈良の春日大社所蔵「毛抜形太刀」(国宝)の鞘には、猫が竹林で雀を捕らえている図柄がある。猫が雀を捕らえるように敵を倒す、という力の誇示がこめられており、当時は珍しくない図柄であったという。ところが、東照宮では猫は眠っている。猫が眠り、弱い雀も安心して暮らせるという寓意であろう。また江戸時代末期の狂歌に「嵐なす輩は絶えて大御代は眠り猫ある宮居尊し」とあるように、猫が寝ているのは、ネズミ(世を乱す悪者)がいないことと解釈されていた。その平和をもたらしたのが、家康であったというのである。

聖王のイメージ

日光でもっとも有名な建築は、陽明門《ようめいもん》といわれる。そこに、「唐子遊《からこあそ》び」の彫刻がある。二十人の子供たちが、安心して遊んだり勉強したりしている彫刻は、天下泰平となったことを示すと共に、そうした社会が理想であること

眠り猫　奥社参道入口附近の彫刻

雀　「眠り猫」反対側の彫刻

をも主張している。その中でももっとも重要な、正面中央にある彫刻は、水瓶《みずがめ》に落ちた友人を助けるため大切な瓶《かめ》を割ったという「司馬温公《しばおんこう》の瓶割り」を主題としている。物よりも人の生命が重要であることを示しているのである。

唐門には、正面に「許由《きょゆう》と巣父《そうほ》」、その下に「舜帝朝見の儀《しゅんていちょうけんのぎ》」の彫刻がある。中国古代の聖王「尭《ぎょう》」が、自分の子ではなく徳のある人物を後継者とするため、まず許由、次に巣父に政権移譲を頼んだが断られ、舜にも一たんは拒まれた、という故事を踏まえている。ここには、能力の有る者に政権を譲る（禅譲《ぜんじょう》）こそが、政権交代の理想であることが主張されている。同時に、家康は舜に比すべき聖人であり、徳川家は豊臣家を一方的に滅ぼしたのではなく、基本は禅譲であったという公式見解も示している。徳川政権の正統性と、舜帝の治世を理想とすることが表明されているのである。

平和の神へ

神は、信じる者に利益を与え、不信の者に罰を与える働きを期待される。東照権現は、武威に基づき秩序を整え、世の安定と繁栄をもたらす神と観念された。たしかに、秩序の形成を通じた平和の実現は、家康の生涯と対応する。さらにいえばこの履歴は、家康以外の誰をもってしても代替不能であった。

江戸時代は、さまざまな思惑を背景に徳川神話が作られた。そこに込められた夢も欺瞞《ぎまん》

司馬温公の瓶割り　陽明門正面の彫刻

舜帝朝見の儀　唐門正面の彫刻

も、当時の人々の切実な思いを伝えている。中世に比べ、良くも悪くも世俗化した近世社会において、昔のように神を信じることは困難になっていった。そうした中であっても、人が人である限り、何かを信じ、何かに守られたいという気持ち自体が無くなることはなかっただろう。薬師如来の申し子として現れ、困難に苦しみつつ奮闘し、ついに天下を治め平和をもたらし、神となって仏神の世界へ帰っていく——中世以来の本地物《ほんじもの》の語り口(現代まで影響力がある)に沿った家康の神格化は、当時の人々にとって馴染み深いもので、それなりのリアリティをもっていただろう。そこに、近世初期の時代性だけでなく、時代を超えたものも感じられる。

いかなる時代であっても、人々が求めるものは現世利益であり、その最たるものは平和で安定した生活であろう。そう考えるなら、拠るべき神仏を持たない多くの現代人にとっても、近世の人々の願いは決して他人事《ひとごと》ではない。権力の仕事ではあっても、その底に人々の平和の希求があり、仏教の精神に基づきそれを叶えようと志した人々がいた。そこに、家康神格化を考える現代的意義があるのではないだろうか。

あとがき

まだ幼かった頃の、かすかな記憶がある。帰宅の途中か、単に外で遊んでいただけだったのか……。ともかく、急に世界が暗くなり、何が起きたのか分からない私は恐怖に襲われた。わあわあ泣きながら、走って家に帰った。まわりに人のいた記憶がない。今となっては、現実のことか、幻想か、悪夢の中のことかも分からない。しかし、あの時の恐怖の感覚は、今でも心の片隅に残っている。考えてみると、あれが私の、日食の初体験だったように思われる。

長じたのち、日食の恐怖が時代を超えて普遍性を持つことを知った。日本の中世には、人々は日食・月食の際に、天皇を妖光に当てないため、御殿をムシロで包んだという。その理由は、「天皇の身体を守ることが、日本国の自然と社会の秩序を維持するために枢要なことだったから」と考えられている。さらに、「この行為は〈王〉ないし〈王権〉を身体的に体現している存在に対してとくになされること」と解釈され、天皇だけでなく、鎌倉時代や室町時代の将軍についてもそれが見られることから、中世には天皇と将軍と二人の〈王〉がいたと指摘されている。最近は、近世でも五代将軍綱吉には日食忌避が見られる、綱吉には「天子」としての自己意識があったのでは、と論じられている。

日食をはじめ、天変地異に対する人々の恐怖は、自らのよりどころである世界が壊れていくという感覚であろう。それを耐え抜く方法として、人々が必死に考えたのが〈王〉を守ることであった。人々はなぜ、どのような意味で、〈王〉を自らのよりどころと考えたのだろう。「王権」などという言葉がまだ一般化する以前、ぼんやりとそんなことを思いながら、私の思想史研究は始まった。

本書は私の、二番目の著書である。前著『徳川家康神格化への道』を刊行後、あっという間に十年以上が経った。その間、勤務先が図書館から史料館に変わり、業務の主たる対象が前近代資料から近代資料となった以外は大きな変化もなく、仙台の地を動くこともなく、本務のかたわら研究を継続してきた。もちろん勤務先の皆様のご理解とご協力あってのことであり、家族にも支えられてのことである。感謝の思いを新たにしている。師友にも恵まれた。出身大学や所属学会をはじめ、鎌倉仏教研究会、天台の会、近世の宗教と社会研究会、書物出版と社会変容研究会など、さまざまな研究会で知り合った皆様の学恩を忘れることはできない。

本書を歴史文化ライブラリーの一冊として刊行することについて、最初にお話を頂いたのは二〇〇四年の十月であった。当初は二年程度で仕上げる予定であったが、幸か不幸か、二〇〇七年が勤務先の創立百周年で、その前年から例年とは異なる業務に追われてしまった。また前著に比べ、より一般向けのスタイルで書くことも、慣れないことで戸惑いが多かった。加えてこの時期は、私も参加していた聖教調査に関してトラブルが起こり、研究者としてのモラルについて考えさせられ、またストレスを受けることもあった。

そうこうしているうちに、締め切り期日の約束手形を二度三度と不渡りにしてしまった。担当して下さった編集部の一寸木紀夫さんには、御礼よりも、まず当方の怠惰をお詫びせねばならない。何とか形はついたものの、なお至らない箇所も多いことを恐れる。諸賢のご叱正、ご鞭撻を賜れば幸いである。

本書を書き上げるための史料調査において、各地の所蔵機関に大変お世話になった。特に挿図や表紙カバーの写真については、日光東照宮、日光山輪王寺、寛永寺、徳川記念財団、芝東照宮、鳥取大雲院、川越市立博物館、鳥取市歴史博物館、そして東北大学附属図書館の関係各位に御高配を賜った。厚く御礼申し上げる。自ら撮影した建物等は、雪景色のものがいくつもあり、雪の多い今年の記念となった。

二〇〇八年二月

曽根原　理

参考文献

引用資料底本（比較的入手しやすいものに限定した）

延暦寺護国縁起　仏書刊行会編『大日本仏教全書』一二六（一九一三年）、『続群書類従』第二七輯下

大内義隆記　『群書類従』第二一輯

家世実紀　『会津藩家世実紀』歴史春秋社、一九七七年

山家要略記　神道大系編纂会編『天台神道』下〈神道大系論説編四〉（一九九三年）、または天台宗典編纂所編『続天台宗全書』一五　神道Ⅰ（一九九九年）

修験一実霊宗神道密記　神道大系編纂会編『戸隠』一（二〇〇一年）

樵談治要　『群書類従』第二七輯

神道大意　神道大系編纂会編『卜部神道』上〈神道大系論説編八〉（一九八五年）

駿府記　続群書類従完成会編『当代記・駿府記』〈史籍雑纂〉（一九九五年）

早雲寺殿廿一箇条　『中世政治社会思想』上〈日本思想大系21〉（岩波書店、一九七二年）

伊達日記　『群書類従』第二一輯

転輪聖王章　前掲『戸隠』一、天台宗典刊行会編『天台宗全書』第一二巻（第一書房、一九七三年）

転輪聖王章内伝　前掲『戸隠』一、前掲『天台宗全書』第一二巻

東叡開山慈眼大師伝記　寛永寺編『慈眼大師全集』上巻（国書刊行会、一九七六年復刻）
等海口伝抄　天台宗典刊行会編『天台宗全書』第九巻（第一書房、一九七三年）
東照宮講式　寛永寺編『慈眼大師全集』下巻（国書刊行会、一九七六年復刻）
東照社縁起　神道大系編纂会編『上野・下野国』〈神道大系神社編二五〉（一九九二年）、小松茂美編『東照社縁起』〈続々日本絵巻大成伝記・縁起編8〉（中央公論社、一九九四年）
武徳大成記　『武徳大成記』〈内閣文庫所蔵史籍叢刊〉（汲古書院、一九八九年）
武州東叡開山慈眼大師伝　前掲『慈眼大師全集』上巻
文露叢　『改正甘露叢・文露叢』〈内閣文庫所蔵史籍叢刊48〉（汲古書院、一九八五年）
北条五代記　『改定史籍集覧』第五
本光国師日記　仏書刊行会編『大日本仏教全書』一三八〜一四二（名著普及会、一九八二年復刻）

研究文献（参照箇所を明示、副題は省略）

朝尾直弘『将軍権力の創出』岩波書店、一九九四年（後に『朝尾直弘著作集』第三巻、岩波書店、二〇〇四年に収録）
池田　昭「解説」（R・N・ベラー著／池田訳『徳川時代の宗教』岩波文庫、一九九六年）
石毛　忠「江戸時代初期における天の思想」（『日本思想史研究』二、一九六八年）
「江戸時代後期における天の思想」（『文化史学』二七、一九七二年）
「織田信長の自己神格化」（同編『伝統と革新』ぺりかん社、二〇〇四年）

今田洋三『江戸の本屋さん』（日本放送出版協会、一九七七年）
『江戸の禁書』（吉川弘文館、一九八一年）
浦井正明『もうひとつの徳川物語』（誠文堂新光社、一九八三年）
『「上野」時空遊行』（プレジデント社、二〇〇二年）
大桑　斉『日本近世の思想と仏教』（法蔵館、一九八九年）
「徳川将軍権力と宗教」（『天皇』〈岩波講座天皇と王権を考える4〉岩波書店、二〇〇二年）
岡田荘司「近世の神道葬祭」（大蔵精神文化研究所編『近世の精神生活』続群書類従完成会、一九九六年）
岡野友彦『源氏と日本国王』（講談社、二〇〇三年）
上川通夫「中世の即位儀礼と仏教」（岩井忠熊・岡田精司編『天皇代替り儀式の歴史的展開』柏書房、一九八九年）
河内将芳『中世京都の都市と宗教』（思文閣出版、二〇〇六年）
神崎充晴「『東照社縁起』制作の背景」（前掲『東照社縁起』、一九九四年）
倉地克直『近世の民衆と支配思想』（柏書房、一九九六年）
小杉一雄『中国仏教美術史の研究』（新樹社、一九八〇年）
佐藤弘夫『アマテラスの変貌』（法蔵館、二〇〇〇年）
菅原信海『山王神道の研究』（春秋社、一九九二年）
杉　岳志「徳川将軍と天変」（『歴史評論』六六九、二〇〇六年）

杣田善雄『幕藩権力と寺院・門跡』（思文閣出版、二〇〇三年）
高木昭作『将軍権力と天皇』（青木書店、二〇〇三年）
高藤晴俊『家康公と全国の東照宮』（東京美術、一九九二年）
『図説・社寺建築の彫刻』（東京美術、一九九九年）
中川仁喜「江戸幕府開創以前の関東における天海の活動」（佐藤成順博士古稀記念論文集刊行会編『東洋の歴史と文化』山喜房仏書林、二〇〇四年）
中野光浩「諸国東照宮の勧請と造営の政治史」（山本信吉・東四柳史明編『社寺造営の政治史』思文閣出版、二〇〇〇年）
「諸大名による東照宮勧請の歴史的考察」（『歴史学研究』七六〇、二〇〇二年）
野村　玄『日本近世国家の確立と天皇』（清文堂、二〇〇六年）
羽賀祥二「史蹟をめぐる歴史意識」（『日本史研究』三五一、一九九一年）
堀　新「織豊期王権論再論」（大津透編『王権を考える』山川出版社、二〇〇六年）
松田敬之「近世期宮方・摂関方殿上人に関する考察」（『大倉山論集』四九、二〇〇三年）
松本久史「近世偽文書と神職の意識と行動」（『日本文化と神道』二、二〇〇六年）
山澤　学「東照宮祭礼と民衆」（『国史学』一九〇、二〇〇六年）
若尾政希「『東照宮御遺訓』の形成」（『一橋大学研究年報社会学研究』三九、二〇〇一年）
渡辺　浩『東アジアの王権と思想』（東京大学出版会、一九九七年）

関連拙稿（とくに参照箇所を明示しない）

『徳川家康神格化への道』（吉川弘文館、一九九六年）
「山王一実神道の展開」（『神道研究』一四三、一九九一年）
「日光における東照権現信仰」（日本仏教研究会編『日本の仏教』四、法蔵館、一九九五年）
「『東照社縁起』の基礎的研究」（『東北大学附属図書館研究年報』二八・二九、一九九五・九六年）
「会津地域における東照宮信仰」（『神道古典研究所紀要』四、一九九八年）
「会津における東照宮信仰と修験」（『山岳修験』二三、一九九九年）
「『暁誉覚書』の仏教治国論」（『文芸研究』一五二、二〇〇一年）
「徳川王権論と神格化問題」（『歴史評論』六二九、二〇〇二年）
「天海と日光東照宮」（大久保良峻ほか編『日本仏教34の鍵』春秋社、二〇〇三年）
「金沢東照宮と寛永寺常照院」『日本学研究』七、二〇〇四年）
「〈資料紹介〉『東照社縁起』の別本二点」（平成十二～十六年度科学研究費補助金特定領域研究『東アジア出版文化の研究（代表　磯部彰）』研究成果報告書、二〇〇五年）
「徳川家康年忌行事にあらわれた神国意識」（『日本史研究』五一〇、二〇〇五年）
「東照宮祭祀と山王一実神道」（『国史学』一九〇、二〇〇六年）
「増上寺における東照権現信仰」（高埜利彦・井上智勝編『近世の宗教と社会』二、吉川弘文館、二〇〇八年）

著者紹介

一九六一年、東京都に生まれる
一九八四年、東北大学文学部史学科卒業
現在、東北大学学術資源研究公開センター助教、文学博士

主要著書・論文
徳川家康神格化への道　徳川家康年忌行事にあらわれた神国意識（『日本史研究』五一〇）
会津における東照宮信仰と修験（『山岳修験』二三）

歴史文化ライブラリー
256

神君家康の誕生
東照宮と権現様

二〇〇八年（平成二十）六月一日　第一刷発行

著　者　曽《そ》根《ね》原《はら》　理《さとし》
発行者　前田求恭
発行所　株式会社　吉川弘文館
東京都文京区本郷七丁目二番八号
郵便番号一一三―〇〇三三
電話〇三―三八一三―九一五一〈代表〉
振替口座〇〇一〇〇―五―二四四
http://www.yoshikawa-k.co.jp/

印刷＝株式会社　平文社
製本＝ナショナル製本協同組合
装幀＝清水良洋・渡邊雄哉

歴史文化ライブラリー

1996.10

刊行のことば

現今の日本および国際社会は、さまざまな面で大変動の時代を迎えておりますが、近づきつつある二十一世紀は人類史の到達点として、物質的な繁栄のみならず文化や自然・社会環境を謳歌できる平和な社会でなければなりません。しかしながら高度成長・技術革新にともなう急激な変貌は「自己本位な刹那主義」の風潮を生みだし、先人が築いてきた歴史や文化に学ぶ余裕もなく、いまだ明るい人類の将来が展望できていないようにも見えます。このような状況を踏まえ、よりよい二十一世紀社会を築くために、人類誕生から現在に至る「人類の遺産・教訓」としてのあらゆる分野の歴史と文化を「歴史文化ライブラリー」として刊行することといたしました。

小社は、安政四年（一八五七）の創業以来、一貫して歴史学を中心とした専門出版社として書籍を刊行しつづけてまいりました。その経験を生かし、学問成果にもとづいた本叢書を刊行し社会的要請に応えて行きたいと考えております。

現代は、マスメディアが発達した高度情報化社会といわれますが、私どもはあくまでも活字を主体とした出版こそ、ものの本質を考える基礎と信じ、本叢書をとおして社会に訴えてまいりたいと思います。これから生まれでる一冊一冊が、それぞれの読者を知的冒険の旅へと誘い、希望に満ちた人類の未来を構築する糧となれば幸いです。

吉川弘文館

〈オンデマンド版〉
神君家康の誕生
東照宮と権現様

歴史文化ライブラリー
256

2019年（令和元）9月1日　発行

著　者　曽《そ》根《ね》原《はら》　理《さとし》
発行者　吉　川　道　郎
発行所　株式会社　吉川弘文館
〒113-0033　東京都文京区本郷7丁目2番8号
TEL　03-3813-9151〈代表〉
URL　http://www.yoshikawa-k.co.jp/

印刷・製本　大日本印刷株式会社
装　幀　清水良洋・宮崎萌美

曽根原　理（1961～）

ISBN978-4-642-75656-3